がんに負けない

太極拳養生法

帯津三敬病院名誉院長
楊名時太極拳師範
帯津良一

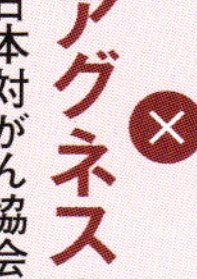

アグネス・チャン
日本対がん協会ほほえみ大使

目次

Prologue、Part 1、Part 2、Part 5は
雑誌「いきいき」(2014年8月号～15年10月号)に
連載された記事を再構成しました。

太極拳とは

Prologue

がん患者さんの治療に太極拳を取り入れている
帯津良一先生からアグネスさんへの伝授、
まず最初は、太極拳とはどんなものなのかを、
話していただきました。
アグネスさんは香港生まれですが、太極拳は初心者。
30年を越す大ベテランで楊名時太極拳師範の帯津先生の言葉に耳を傾け、
「がんに負けない太極拳養生法」への期待がふくらみました。

帯津良一（以下、帯津）　アグネスさんは香港生まれですから、太極拳はしたことがおありなんでしょう。

アグネス・チャン（以下、アグネス）　はい。子どもの頃、大人について行って、真似たことはありますす。でもちゃんと教わったことはないんです。帯津先生は病院でも患者さんに太極拳を教えていらっしゃるんですよね。

帯津　ええ。1982年に帯津三敬病院を開院したときに、がん治療に中国医学を取り入れようと考えて、漢方薬、鍼灸とともに気功や太極拳を始めました。病院内に道場を作ったんです。それまで、空手や柔術はやったことがあったものの、太極拳は未経験。先に始めていた妻に手ほどきを受けました。

そして、日本に健康太極拳を広めた楊名時（ようめいじ）先生との出会いが大きかった。楊先生とは意気投合して、太極拳指導に同行したり、酒を酌み交わしたりしました。先生は80歳になられた2005年、私の病院で亡くなりましたが、実に見事な死でした。

アグネス　患者さんたちは、がんを克服したいという一心で太極拳に励んでいらっしゃるんですか。私も07年に乳がんの手術をしているので、気持ちはわかります。

まずは今日一日を気持ちよく過ごすため

帯津　私の病院のスローガンは「今日より良い明日を」なんです。あまりがんを治そう、克服しようと一生懸命になっても効果はない。まずは、今日一日を気持ちよく過ごすために太極拳をするんです。

点滴をしながら、車いすで道場に来る患者さんもいるんですが、ゆっくりした気持ちで太極拳を続けていると、いつの間にか歩いて来られるようになったりします。

アグネス　私もがんになってから、一日一日が大事だと思うようになりました。もちろん再発の心配だったり、死への恐怖はあったりしますが、いのちにしがみつくのではなく、日々のいのちを充実させたい。太極拳でそういう自分になれるとしたら、すばらしいことです。先生、よろしくお願いします。

帯津　患者さんには、40年は続けてと言っているんです。80歳のおばあちゃんに「40年やったら、うまくなりますから続けましょう」って言ったら目を丸くされました。

アグネス　40年ですか。

帯津　太極拳は24の型があって、それを繰り返します。中国にはいろいろな流派、型があるんですが、1950年代に24の型に整理統合した「簡化太極拳」が生まれました。楊名時先生が日本で広めた太極拳もこの簡化太極拳がベースになっています。24だけですから、形だけは2、3か月もあれば覚えられる。ところが、奥が深い。私なんか30年以上

やっているのに、いまだにうまくできたと思えない。ですが年々、自分にとっての太極拳の意味が変わってきます。

アグネス　先生は毎日、太極拳をなさるのですか。

帯津　無理して毎日する必要はないんです。ウイスキーと同じで、寝かせておいても熟成する（笑）。少しずつ、大河の流れのようにゆっくりと続けるのがいいんです。

アグネス　中国では、かなり年配の方も太極拳をしていて。そのときの表情がいきいきしているんです。私は運動はあまり得意じゃないですが、太極拳なら大丈夫でしょうか。

帯津　太極拳は「柔拳」といって瞬発力や筋力を必要としないんです。そこが少林寺拳など「硬拳」と違うところです。柔拳では内臓の動きや感覚、気の流れといったものが重要になります。力が必要ではないから、年をとってもできる。むしろ、年をとればとるほど、深まっていくんです。

アグネス　わぁー、楽しみです。ところで、太極拳と気功はどう違うんですか。

帯津　太極拳は武術ですが、気を体の中に滞りなく巡らせるという側面では、気功といってもいいんです。日本では「気」について、あまり知られていないけれど、気というのは中国医学の基本原理ですよね。気は生命の根源物質であると信じられている。

アグネス　それ、事実ですよ。気を保っているから、生きていられるんです。

帯津　気が不足したり、滞ると病気になる。太極拳をすると過不足なく円滑に、気を体に巡らせるようになって、健康になれるんです。それは中国医学からの説明ですが、西洋医学の面からも説明できます。腹式呼吸による内臓をマッサージする効果、呼気による副交感神経への刺激、血液の好循環などが引き起こされるんです。

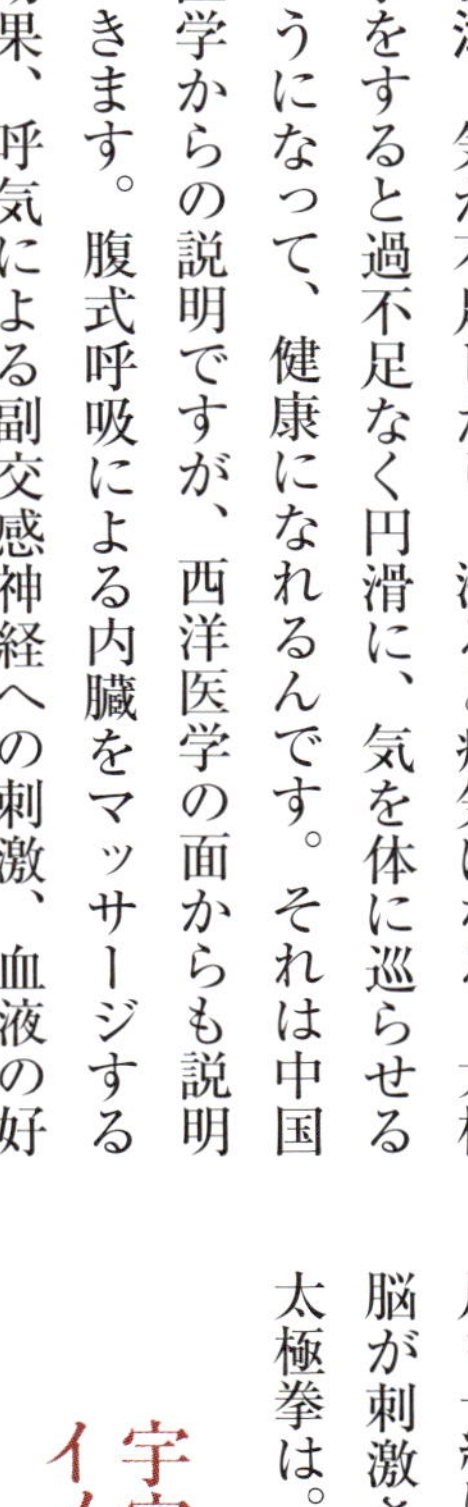

アグネス　それに脳も活性化されますよね。手も足も一緒に、いつもと違う動きをする。そのことで、脳が刺激されると思うんです。頭を使いますよね、太極拳は。

宇宙の空間「虚空」をイメージしながら

帯津　さすがアグネスさん、そのとおりです。太極拳は反射神経よりも感覚力が問われるんです。だから、頭を使う。

一方で忘れてはいけないのは、太極拳は武術のひとつだということです。型も攻撃と防御の形になっている。つまり相手がいるんです。だから、私は太極拳をするときに、いつも相手は虚空（こくう）だと思うようにしています。

アグネス　虚空ですか。

帯津　虚空は仏教用語で、四、五千の宇宙を生み

出した偉大なる空間のことをいいます。すべてはそこから生まれた。つまり、人も虚空からやってきて虚空に帰っていく。そういう虚空の存在をイメージして太極拳をします。

攻撃の型のときは、虚空に手を差し伸べ、防御の型のときには虚空から力をいただく。そうして虚空とたわむれるうちに、虚空という偉大なる空間と一体になった自分を感じることができる。そのときには、自分という存在が必要でなくなります。

アグネス　すばらしいですね。私も似た感覚なら味わったことがあります。コンサートなどで、一瞬、「あっ、みんなが同じ気持ちになった」と感じることがあって、その瞬間がいちばん感動して、すごい光を感じるんです。

初めてアフリカへ行ったときも、子どもたちに触ったら病気がうつると言われたけど、あまりにかわいいから抱きしめて、キスしたり、ハグしたり、もうこの子たちと死んでもかまわないと思った瞬間、人生が変わりました。うまく説明できないけれど、安らぎというか、もう何もいらないというか、すべてに満たされた瞬間を感じたんです。

帯津　まさに、それこそ虚空と一体になるということだと思いますよ。虚空とは、自己とか非自己を超えた存在なんです。太極拳はそれを感じるためのトレーニングといってもいいと思います。

人生が深まっていく自己実現の道でもある

アグネス　私が作った詩に「私はあなた　あなたはみんな」っていうフレーズがあるんです。虚空とはそういうことですよね。

帯津　太極拳はもちろん、体によくて養生法としてすぐれている。しかし、それ以上に自己実現の道だと思っています。太極拳を通じて、自分自身の心、そして人生が深まっていく。また、心の深まりが太極拳に表れるんです。この道には終わりがありません。

アグネス　私、還暦を迎えたんです。これまで、60代って人生のまとめの時期かな、なんて考えていたんですけど、最近は違うのではと思いだしました。まったく新しいステージに入っていけるんじゃないかしらって。

帯津　そうですよ。60代は人生でいちばんいい時期ですよ。まあ、70歳になってみると、それもまたいいけど。

アグネス　これまでは、歌手であったり、妻であったり、母であったり、いろいろな役割にしばられていました。肩書きとか、処世術とか、人間関係とか、そういうもので身を守ってきた面もあります。

でも60歳からはそういうこだわりを捨てて、自分の殻を破って、もっと自然体になれるのではと期待しているんです。今までもっていたものを捨てて、本当の自分になっていく姿と、太極拳が私の中でつながるんです。太極拳を通して、もっと自由な自分になって、もともとの私に戻っていけるような気がします。

帯津　いいですね。それが、自己実現ということですよ。

アグネス　最初にも言いましたが、がんを体験し長生きを望まなくなりました。心身ともにかっこよく、一日一日を過ごしたい。

太極拳をしている姿って、すごく美しいんです。生きている喜びが表現されているように思います。私もそういう、いのちがあふれ出るような太極拳をしたいと思っています。

帯津　すばらしいですね。アグネスさんなら大丈夫ですよ。

アグネス　ゆっくりでいいんですよね。がんばります。

Part 1

太極拳の動きを知ろう

太極拳にはいくつも流派がありますが、
1950年代に中国でそれらを統合した「簡化太極拳」が生まれました。
これは、24の型を一連の流れ（套路）に沿って行います。
帯津先生が師範の楊名時太極拳も
この「簡化太極拳」がベースになっていて24の型があります。
このうち、基本の動きとなる4つの型について、
帯津先生の指導でアグネスさんに挑戦してもらいました。
本来ならひとつの型から次の型へ、流れるようにつながる動きになっているですが、
ここでは4つの型の中心的な動作を紹介しています。
手足がゆったりなめらかに動く太極拳の動作は難しくて、
写真や文字の説明ではわかりにくいかもしれませんが、
まずは動きの雰囲気を知ってください。

野馬分鬃（イエマフェンゾン）

野馬のたてがみを分ける動き
両手でかき分け、前に進みます

A ゆっくり息を吸いながら、右手が上、左手が下でボールを抱えます。気が集まった球を持っているイメージです。

B ボールを抱えたまま上体を右に回し、重心を右足に移します。それと同時に左足のつま先を右足に寄せます。

C　ボールを抱えたまま上体を左に回し、左足をかかとから踏み出します。右足に重心を残したまま、ゆっくりと左足のかかとを着地します。

D　左足にゆっくりと重心を移し、それと同時に左手を前に出し、右手を下げます。たてがみを、かき分ける動きです。

E　重心をゆっくり右足に移し、左のつま先を上げて、外側に30度ぐらい開いて、床につけます。

F　左足に重心を移し、右足を寄せる。そのときに左手が上、右手が下でボールを抱える。

G 進行方向に右足をかかとから踏み出します。左足に重心を残したまま、ゆっくりと右足のかかとを着地します。

H 右足にゆっくりと重心を移し、それと同時に右手を前に出し、左手を下げます。たてがみを、かき分ける動きです。

摟膝拗歩（ロウシヤオブ）

相手のけりを払って歩みを進める動き
手をまっすぐ押し出して攻めます

A
B
体重は右足に7分、
左足に3分。
後足のひざを曲げるとき
ひざはつま先の方向へ

A 左手を押し出したところから始めます。右足のつま先、かかとの延長線よりも左足のかかとは15センチほど左にきてつま先はやや左に開きます。

B 左足にゆっくり重心を移し、右のつま先をあげて、30度ほど外側に開きます。同時に上体も右にひねります。

C 上体を右に、左足を右足に引き寄せます。右手を顔の横に持ってきて敬礼の形をとり左手は胸の前に。

D 左足をかかとから踏み出します。そのとき、左手を左ひざの前を払うように下ろしていきます。

E 左足に重心を移動させるのとともに、右手を進行方向に押し出す。**A**と左右が逆の形になります。

F 右足にゆっくり重心を移し、左のつま先をあげて、30度ほど外側に開きます。同時に上体も左にひねります。

G

H

G 上体を左に、右足を左足に引き寄せます。左手は弧を描いてななめ後ろから顔の横に持ってきて敬礼の形をとります。

H 右足をかかとから踏み出します。そのとき、右手を右ひざの前を払うように下ろしていきます。

倒捲肱（ダオジュアンゴン）

腕を逆さに巻きながら後ろに歩みを進める動き

A
B
手をあげるときに息をゆっくり吸います
肩に力を入れたり肩が上がらないように

A　ここから後ろに下がっていきます。右を向いて、お腹の前あたりから、手のひらを返しながら両手を上げていきます。

B　肩の高さまで上げて、左右に開きます。腕はゆったりと自然に開き、目線を右手の指先にもっていきます。

C 上体を左に回し、左手を手のひらを上に前に差し出し、右足にゆっくり重心を移していきます。目線も左前方に持っていきます。

D 右手のひじを曲げて右耳の横に引き寄せるとともに、左足のバランスをとって、ももをあげます。

F
E
左手を引くのと同時に
右足のつま先は正面を向ける
つま先が着いたときも
まだ重心は右足に

E 右足に完全に重心を乗せたまま、左足をゆっくり一歩後ろに下げて、つま先から着地するようにします。

F ゆっくり左足に重心を移し、つま先が左に３０度ほど開くようにかかとを着き、同時に右手を押し出し、左のひじを引き、左手をウェストのあたりまで持ってきます。

G 左を向いて、再び両手を上げていきます。Aとは左右が逆になっています。目線を左手の指先にもっていきます。

H 左足にゆっくり重心を移していき、C、Dとは左右逆に、右足のバランスをとって、ももをあげます。

雲手（ユンシォウ）

ふんわりと流れる雲のように
手足をやわらかく動かす

C　左足にしっかり重心をのせ、右足を引き寄せます。それと同時に左手が下がり、右手が上がって、両手の位置が入れ替わります。

D　足はそのまま、右足に重心を移すのとともに、上体が右を向いていきます。両手も右に移動します。

A 左の方向の移動していく動きです。体の前に両手をおきます。左手が上、右手が下です。

B 左足に重心を移すのとともに、上体が左を向いていきます。両手も左に移動します。

G
H
上体の向きをしっかり意識する
重心の移動をはっきりとさせる

G 左足に重心を移すのとともに、上体が左を向いていきます。両手も左に移動します。

H 左足にしっかり重心をのせ、右足を引き寄せます。それと同時に左手が下がり、右手が上がって、両手の位置が入れ替わります。

E 右足に重心が移るのと同時に右手を下げ、左手を上げ、両手に位置が入れ替わります。右足にしっかり重心が乗ったら、左足を浮かせます。

F 重心を右足にしっかり乗せたまま、左足を左横にゆっくり踏み出していき、つま先から着地させます。

Part 2 太極拳のポイント

太極拳をやるときに
どういうポイントに気をつけたらいいのかを、
帯津先生に伝授してもらいました。
アグネスさんも太極拳を始めてみて、
思い当たることがあるらしく、熱心に耳を傾けました。

ポイント1

ゆっくり動く

帯津　太極拳の動きの最大の特徴は「ゆっくり動く」ということなんです。ゆったりとした気持ちで大河が流れるがごとく、静かに動いてください。

アグネス　わかりました。ゆっくり、同じスピードで動くんですよね。でも、ゆっくりって簡単じゃないですよ。

帯津　ゆっくりした動きに合わせて、やわらかく、細く、長く、深く、呼吸をします。これが、養生になるんです。

アグネス　動きに合わせて呼吸って、これも難しい。

帯津　最初のうちは、動きと呼吸を一致させようと思うと混乱しますから、吐く息を大事にすることを心がけます。吐くことができれば、自然に吸う息が生まれます。

アグネス　鼻から吸って、鼻から吐くんですね。

帯津　体の力を抜き、長くやわらかく息を吐くことで、副交感神経の働きが高まります。これが大事です。ストレスの多い現代では交感神経ばかり高まって、副交感神経は置いてきぼりにされています。このバランスを回復させることで、緊張が解けて、体も心もリラックスできます。

太極拳でゆっくり動くことが、のびのびと心を解き放つことにつながるのです。いつも力んで、心に余裕のない人でも、ゆったり、ゆっくりと体を動かすことで、心にもゆとりが生まれてきます。

アグネス　ゆっくりって、大切なことなんですね。

帯津　ゆっくり動いてみると、どんな感じがしますか。

アグネス　今回、ゆっくりを心がけた太極拳の動きをしてみて、自分の体には長年のクセのようなものがあるのに気づきました。体のバランスがちょっとズレていたり。

帯津　ゆっくり動くと、より欠点がわかりますね。

自分の体のありように耳を傾けるというのは大事なことです。

アグネス　これまで、そのままにしてきたゆがみが、太極拳をすることで取れて、自然体になっていけるような気がします。この先、自分がどうなっていけるか楽しみです。

ポイント2　おなかで呼吸する

帯津　太極拳ではゆっくりした動きに合わせて、やわらかく、細く、長く、深く、呼吸するという話をしました。さらに説明すると、この呼吸は腹式呼吸なんです。

アグネス　腹式呼吸、どうすればいいのですか。

帯津　胸を膨らませて息を吸う胸式呼吸に対して、おなかを膨らませたり、へこませたりするのが腹式呼吸です。太極拳では通常の腹式呼吸とは反対に、おなかをへこませて息を吸います。

アグネス　おなかをへこませて吸う。うーん。

帯津　あまり難しく考えるとわからなくなりますから、最初はおなかで息をすることだけを心がけてください。気持ちよく腹式呼吸を続けることが、体にいいんです。腹筋や横隔膜が大きくリズミカルに動いて、内臓をマッサージすることになりますから。

アグネス　呼吸がマッサージになるんですか。

帯津　そうです。呼吸って、1日に約2万回もしているんですよ。15分でも約220回。1回の太極拳でも、丁寧に呼吸すればマッサージ効果は大きいです。

内臓をマッサージすると血流がよくなります。さらに、おなかのマッサージ効果は全身の臓器に波及します。腹腔内圧の変化が全身に影響を与えるのです。その結果、体全体の血行がよくなり活力があふれてきます。

アグネス　血行が悪いのは万病の元って言いますものね。やっぱり太極拳はすごい。

でも私はまだ動きを頭で考えてやっているんですよね。それではダメだと思います。体が自然に動いて、流れを感じられるようにならないと。それと、太極拳はひとりでするとちょっとさびしいですね。みんなでしたほうが気持ちがいいかもしれない。

帯津　そうですね。動きが間違っていても、みんなの気持ちが一体になるときがある。それでいいんです。

アグネス　私も、もう少しちゃんと覚えたら、みんなと一緒にしたいです。

ポイント3　丹田に意識を向ける

帯津　中国医学ではおへその少し下の場所を丹田と呼んでいるんですが、アグネスさんもご存じでしょう。

アグネス　はい、もちろん。体の中でとても重要な部分ですよね。

帯津　命が湧き出る場所、命の田んぼという意味で、太極拳に限らず、さまざまな気功でこの丹田に気を沈める（気沈丹田）ということをします。それによって命のエネルギーが高まるのです。

アグネス　えっ。丹田に気を沈めるってどうすればいいんですか。

帯津　気を考えると難しくなるので、最初は丹田に意識を向けるということでいいんです。丹田を通して外界のエネルギーと交流しているというイメージをもってください。

アグネス　わかりました。やってみます。

帯津　どうですか、丹田を意識することができましたか。

アグネス　呼吸とか目線を注意していたら、とてもそこまで気がまわりませんでした。

帯津　それが普通ですよ。動きに慣れてきたら、徐々に丹田を感じることができるようになりますから、心配しないでください。命のエネルギーを高めるというのは、医学的な面からすると、自然治癒力を向上させるということなんです。私が、がん患者さんに太極拳や気功を勧めるのも、その狙いがあるからです。

アグネス　自然治癒力って健康のためには、本当に大事なものですよね。私も乳がんの経験がありますから、とてもよくわかります。

帯津　さらに「上虚下実」といって、上半身の力が抜けて、下半身の丹田とか腰、足に力がみなぎった状態になると、姿勢が整います。背骨や腰がしっかりした形になって、エネルギーの流れがよくなるんです。

アグネス　私、実は太極拳をやるようになって、体重が減ったんです。4キロも。

帯津　そりゃ、すごいですね。

アグネス　太極拳をやっていると、健康になってやろうという気持ちが強まって、食事も野菜中心に変えてみたんです。がんにかかってから、いつ死んでもいいと思うようになっていたんですけど、太極拳を始めたら、長生きできるかもしれない、長生きしたいという気になりました。

帯津　それはいいですよね。

アグネス　帯津先生に40年、太極拳をやりましょうと言っていただいたおかげです。これから40年よろしくお願いしますね（笑）。

ポイント4 調身、調息、調心

帯津　太極拳は武術であるとともに、気功のひとつだということは、これまでにお話ししました。気功というのは、調身、調息、調心という3つの要素で成り立っているんです。

アグネス　太極拳もその3つが大事なんですね。

帯津　そうです。調身とは姿勢を正すことで、基本は上半身の力が抜け、下半身に気がみなぎった「上虚下実」の状態です。調息とは呼吸を整えることで、深く長い呼気を心がけます。調心は心を整えることで、雑念を捨て、集中力が高まった精神状態です。

アグネス　太極拳をすると自然に心が落ち着くんですが、それが調心ですか。

帯津　そうですね。この3つの要素は三位一体の関係にあって、調身、調息が進めば、調心も深まります。太極拳でいえば、呼吸に合わせて体の動きと意識（つまり心）を一致させることができれば、雑念を捨て、集中力を高めることになるのです。

アグネス　動きと意識を一致させるって難しそうですね。

帯津　最初のうちは、動きに気持ちを込めることを心がけてください。それで十分です。どうですか。動きに気持ちを込めることができそうですか。

アグネス　ただ体を動かすのではなく、動きをいつも意識するというのは、なんとなくわかったような気がします。でも、まだまだ形を覚えるので精いっぱいですけど。

帯津　調身、調息、調心というのは、実は座禅でも大事にされていることなんです。ですから、この3つの要素を追求する太極拳は動く座禅ともいわれるわけです。

アグネス　本当に太極拳をしてみると心が静かになるので、座禅といわれるのがわかる気がしますね。雑念を捨てることができるだけでもすばらしいですけど、それが体にもいいんですよね。

帯津　調身、調息、調心の3つがそろうことによって、命のエネルギーが高まるし、自然治癒力も向上する。だからこそ、中国医学では気功が重んじられているわけです。

アグネス　太極拳って、本当にいろんなことを気づかせてくれます。私はちょっと猫背で姿勢が悪いんですね。それを直さないと太極拳の形がきれいにならない。最近は猫背を直すように気をつけています。それに、これまで呼吸も歌を歌うために腹式呼吸ばかりしてきた。でも太極拳で逆腹式呼吸を知りましたし、胸式呼吸も大事だと思うようになりました。

帯津　まさに調身、調息ですね。それが調心にもつながっているんですよ。

アグネス　そうだとうれしいです。それを、もっと深められるようにがんばります。

ポイント5 「気」の流れ

帯津　「気」についてお話ししたいと思います。アグネスさんもご存じのように、中国医学は気の存在をベースにして成り立っています。気は生命の根源物質だと考えられているんです。

アグネス　日本ではそれほどでもないかもしれませんが、中国では気はあるのが当たり前ですよ。気は体にとって、とても大切なものですよね。

帯津　物質なのかエネルギーなのか、または情報のようなものなのかわからないですが、生命の秩序を高める存在です。過不足なく、滞りなく体に気をめぐらせることで、健康になれる。前回、お話しした太極拳で大事にしている調身、調息、調心はいずれも、この気に関わっています。その3つの要素が三位一体となって、円滑に気を体に流すことができ、それによって、全身に力がみなぎり、心はさえわたるのです。

アグネス　私も気をうまく流せるように上達したいです。

帯津　最初から気の流れを感じるのは難しいので、

まずは調身、調息、調心を心がけてください。中国医学では気が流れる道を経絡（けいらく）といいます。経絡は解剖しても見つからないので、西洋医学では扱われませんが。太極拳の動きはこの経絡に働きかけるので、気の流れがよくなるんです。アグネスさんも、知らないうちに気の流れがよくなってきていると思いますよ。

アグネス　気かどうかはわからないのですが、最近、太極拳をやっているとエネルギーの流れのようなものを感じることがあるんです。体の動きと呼吸が調和して集中力が高まったときに、それを感じます。太極拳と一緒に、ボイストレーニングもしているんですけど、歌うときには、下半身からエネルギーを引き出すことが大切なんです。太極拳をするようになって、それをうまく長く続けることができるようになった。歌いながら、息が続くようになったなと実感しています。歌にいい影響が出ています。

帯津　それはすばらしいですね。そのエネルギーは気のことだと考えていいと思いますよ。気の流れがよくなって、息が続くようになったということですね。

アグネス　これから太極拳を深めていくことで、自分にどんな変化が生まれるか、とても楽しみです。引き続き、よろしくお願いします。

ポイント 6 「虚空」を感じる

帯津　さて最後に虚空について話したいと思います。虚空とは仏教で使われる言葉で宇宙を生み出した偉大なる空間のことです。太極拳を長くしていると、この虚空を感じることができるようになるんです。

アグネス　すばらしいですね。虚空はいのちの源でもあるんですよね。

帯津　太極拳は武術ですから、攻撃と防御の型があり、いつも相手を意識している。その相手が私にとっては虚空です。太極拳の流れるような動きのなかで虚空とたわむれるうちに、大いなるいのちに身をまかせているような気持ちになる。自分のいのちが虚空の大いなるいのちと一体になるんです。

アグネス　そのときは自分がなくなるのですね。私も早くそういう感覚を味わいたい。どのくらい太極拳を続ければそうなれるのですか。

帯津　とりあえず30年でしょうか。

アグネス　やっぱり30年ですか（笑）。がんばります。これまで太極拳を続けてきて、自分の体が整い精神の集中力も高まって、心身ともに凛としてきたように思います。太極拳って、今までまったく知らなかった体の動きを体験できて、それがおもしろかった。体を動かすのが楽しくなりました。それに、動きが難しいので、始めると体の動きに意識が集中して、自分がある意味、「無」になれる。それがリラックスにつながるから不思議です。

帯津　そこまでできるのはたいしたものですよ。これからもぜひ、続けてくださいね。

アグネス　私も先生のように太極拳を極めたい。虚空とたわむれるようになれるまで30年ですよね。まずはそれを目指します。

Part 3

太極拳はなぜがんに負けないのか

太極拳はなぜがんに負けないのか。
がんの予防や治療、そして再発予防に貢献する太極拳の真髄を、
気功としての太極拳、武術としての太極拳、
養生法としての太極拳の側面から、
帯津先生に語ってもらいました。

がん治療の現場に身を置いてすでに半世紀を超えました。初めの20年間は外科医として手術に明け暮れ精を出し、その後は一路邁進、理想のホリスティック医学を追い求めてきました。

ホリスティック医学とは、からだ（Body）、こころ（Mind）、いのち（Spirit）が一体となった人間まるごとをそっくりそのままとらえる医学です。

がんはからだだけの病ではなく、こころにもいのちにも深くかかわる人間まるごとの病であるという確固たる信念があったからこそそのことなのです。だからこそ、決して平坦ではない、前人未踏の地を歩き続けてきたのです。

がんの予防や治療、再発予防に大いに貢献している気功

そして、わがホリスティック医学の中核を終始一貫占めて来たのが気功です。

病院開設以来30有余年、わが気功道場では、さまざまな人間模様が織りなされ

て来ました。そのなかで気功ががんの予防や治療、そして再発予防に大いに貢献していることがわかって来ました。

それが証拠に患者会の世話人格のメンバーのなかで再発した人は一人も居ないのです。患者会というのは、うちの患者さんたちが自主的に組織している団体で、その世話人格の人々は私の病院でがんの手術をして20年は優に経ています。彼らはいつも道場に顔を出していて、気功指導に余念がありません。

後輩の患者さんたちを集めては手を取って気功を教えています。当然自らの練功時間も長くなります。彼らのいつも元気な姿を見るにつけ、がんの再発予防に対する気功の効果を実感せざるを得ないのです。

さらに彼らは例外なく楊名時太極拳の名手なのです。金曜日は私の外来担当日なのですが、午前10時半頃、道場の中を通って一息入れるためのお茶を飲みに行きます。そのとき彼らのうちの誰彼がリーダーとなって太極拳教室が開かれています。その誰彼がじつにいい動きをしているのです。つい足を止めて見惚（みと）れてしまいます。そうしてよく見ると、その誰もが、太極拳を好きで好きでたまらないといった風情なのです。

そんな情景を毎週目の当たりにしているうちに、ひょっとするというひとつの疑念が頭をもたげて来たのでした。彼らの再発防止に貢献しているのは気功は気功でもこの楊名時太極拳なのではないかという疑念です。

功法に優劣はなし！　というのが私の持論です。いずれかひとつの功法だけが中国伝統の養生法として抜きん出ていることはない。心から愛着を感じてできる功法がすなわちその人にとって理想の功法なのだと、つねづね人に説いていました。

しかし一旦頭をもたげた考えはなかなか払拭できません。それに疑念とはいってもネガティブなイメージでは一切ありません。むしろ着想といったほうがよいでしょう。天から授かった着想ならばこれを無駄にすることなく推敲を重ねて少しでも楊名時太極拳の本質に迫ってみようと考えた次第です。

もちろんまだ道半ばですが、がんに負けない太極拳についてこれまでに整理できたことの一端をご披露したいと思います。楊名時太極拳は気功であることはまちがいありません。その上に武術としての特徴を備え、さらに太極（宇宙生成の原理）を中心に据えた養生法でもあります。そこで、気功、武術そして養生法の順位にそれぞれのがんに負けない要素について考えてゆきたいと思います。

一　気功として

気功とは調身、調息、調心を果たすことによって生命を正しく養う方法です。私たちの体内には〝生命場〟という場が存在します。その生命場のエネルギーが何らかの理由で下降したとき、これを回復すべく生命場に本来的に備わっている能力がいわゆる自然治癒力です。そして、生命エネルギーと自然治癒力の双方を高めることが生命を正しく養うことにほかなりません。

調身とは姿勢を整えること。たとえば、〝上虚下実（じょうきょかじつ）〟。上半身の力が抜けて下半身に力が漲（みなぎ）った状態をいいます。反対に頭痛がして肩が凝（こ）り膝がガクガクといった〝上実下虚〟の状態に較べれば、上虚下実のほうが生命場の秩序性は高く、したがって場のエネルギーは高いことは誰の目にも明らかです。ということは生命エネルギーも自然治癒力もより高くなってがんに負けない状態になっているというわけです。

調息は一言でいえば呼気に気持ちを込めた腹式呼吸です。横隔膜と腹筋群を十分に動かすことによる腹腔内圧のリズミカルな変動は腹腔内臓器に対してマッサージの効果を生み出し血流を改善します。さらに腹腔内圧の変動は胸腔内圧にも頭蓋内圧にも波及し、結局は全身の臓器の血流改善をもたらします。

呼気に意識を込めることで自律神経のバランスを取り戻す

次は、呼吸と自律神経との関係です。呼気によって自律神経のうちの副交感神経が興奮し、吸気によって交感神経が興奮します。現在の情報化社会はさまざまなストレスを生み、私たちは交感神経優位の状態を強いられています。そこで、呼気に意識を込めることによって置いてけ堀をくっていた副交感神経を引き上げることになり、自律神経のバランスを取り戻すことによって、これまた生命場のエネルギーを高めることにつながります。

調息の最後はエントロピーです。生命活動を維持するために私たちの体内では日夜さまざまな反応がおこなわれています。そして、これらの反応を推進するためのエネルギーは太陽から植物の光合成を経て体内にもたらされ、それぞれの反応に即したエネルギーに変換されます。

そのエネルギーの変換のたびにエントロピーが発生します。エントロピーとは熱力学上の概念で、簡単にいえば、汚れとか錆とか非秩序性の指標とされています。つまり、体内でのエントロピーの増大は体内の秩序を乱し、健康を害することにつながるというわけです。

そこでどうするか。増大するエントロピーを熱や物に引っつけて廃熱、廃物の形にして体外に捨てて生命場のエネルギーの低下を防いでいるというのが定説になっています。有名なオーストリアのノーベル賞物理学者のエルヴィン・シュレーディンガー（1889〜1961年）の説といわれています。

つまり、汗、呼吸、大小便などの形で体外に捨てているのです。このなかで何回でも繰り返してできるのは呼気だけです。すなわち調息はエントロピーを体外に捨てることによって生命エネルギーと自然治癒力の向上に貢献しているのです。

最後は調心です。この場合の心を整えることは無念無想ということではなくて、雑念を払って一点に集中できる心をいいます。私はこれを平常心（へいじょうしん）といっていますが、この場合の平常心は『広辞苑』にある〝普通どおりに平静である心〟のことではなく、将来のあらゆる可能性に対して開かれた心をいいます。『不動智神妙録（ふどうちしんみょうろく）』によって剣禅一致を説いた沢庵宗彭（たくあんそうほう）（1573〜1645年）の不動智に当たるものとしてよいでしょう。

二　武術として

楊名時太極拳も太極拳の一種ですから、もともとは武術です。一挙手一投足は攻撃か防禦の形になっています。相手が人間なら武術、相手が虚空なら気功というわけです。武術といえば生きるか死ぬかの闘いですから、手首と足首がフル回転、大いに力を発揮することになります。

この手首と足首には経穴のなかでも最も重要な経穴である〝原穴〟が配置されています。原とは、十二経の根本になる臍下腎間の動気を指したものといわれていて、原穴とはこの原気を高める経穴のことであり、原気の不足しているときには、この原穴を用いて自然治癒力を増大させます。原穴はまた、臓腑の病のさいに、必ず反応のあらわれるところで、その主治穴であるといわれています。

原穴は図1および図2のように外側に3穴、内側に3穴、手首足首ともに6穴ずつ配置されています。

図1　**手を通る6経路と原穴**

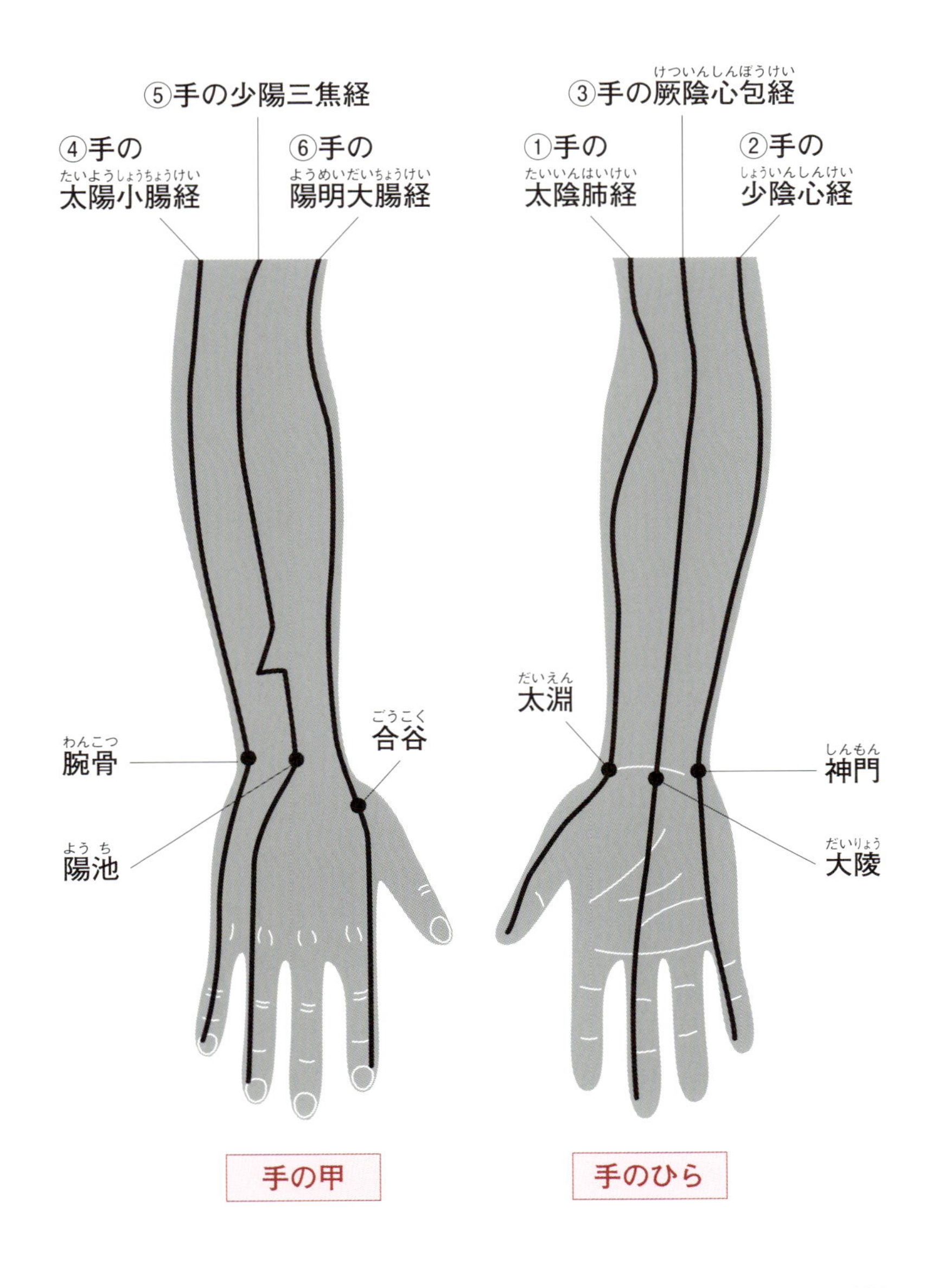

図2　足を通る6経路と原穴

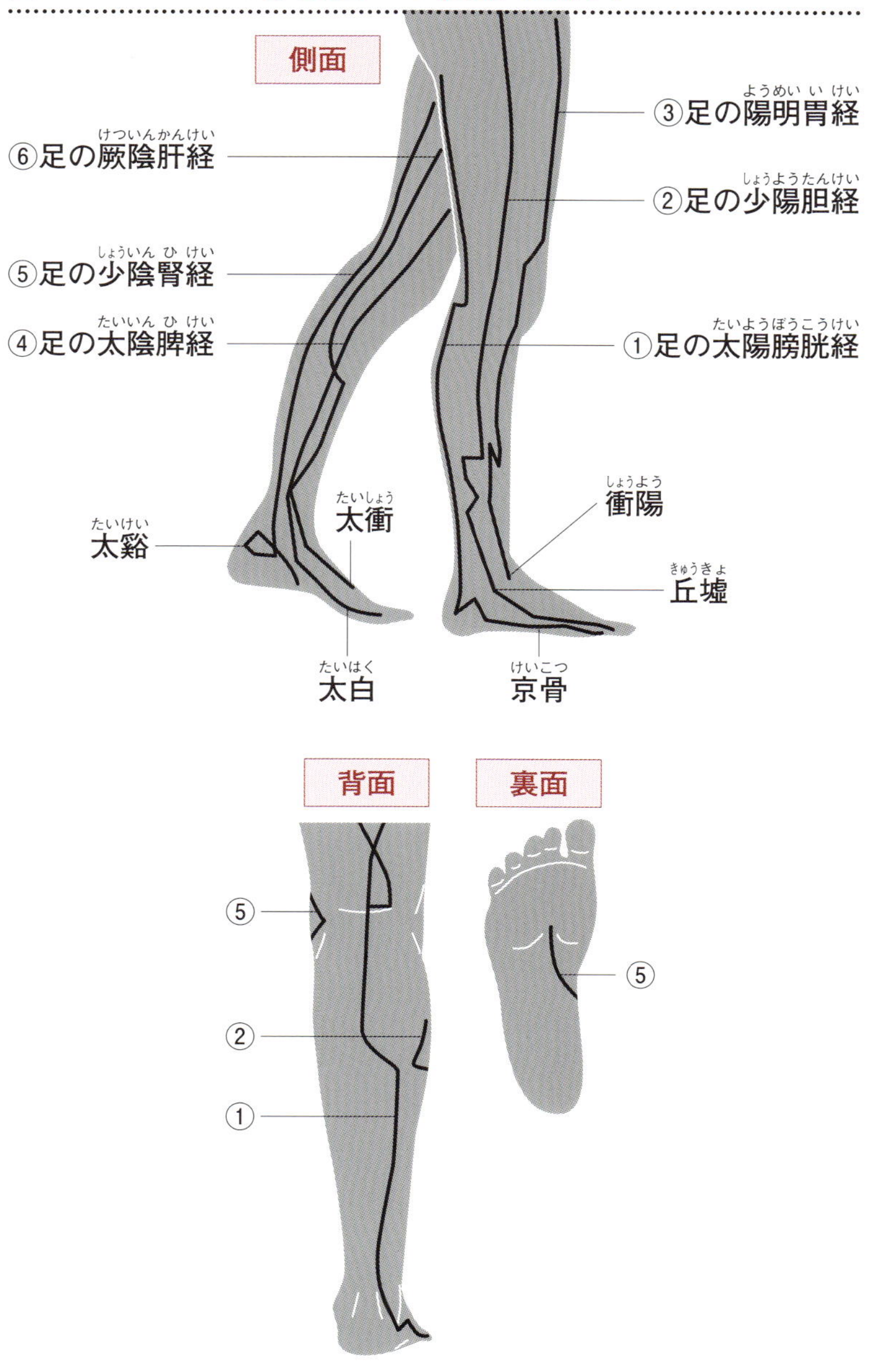

手首

合谷（手の陽明大腸経）
陽池（手の少陽三焦経）
腕骨（手の太陽小腸経）
太淵（手の太陰肺経）
大陵（手の厥陰心包経）
神門（手の少陰心経）

足首

衝陽（足の陽明胃経）
丘墟（足の少陽胆経）
京骨（足の太陽膀胱経）
太衝（足の厥陰肝経）

太白（たいはく）（足の太陰脾経）
太谿（たいけい）（足の少陰腎経）

武術であるが故にこの手首足首にいわゆるスナップを利かせる動きが多く、それによって否応無（いやおうな）しに原穴が刺激をうけることにないます。たとえば、

●野馬分鬃（イエマフェンゾン）の野馬のたてがみを分ける動き
●摟膝拗歩（ロウシヤオブ）の耳横からまっすぐ前方（ぜんぽう）に手を押し出しての掌底打ち
●攬雀尾（ランチュエウェイ）の一連の手の動き
●単鞭（ダンビェン）の右手の鉤手（こうしゅ）
●雲手（ユンショウ）の雲のように動く手
●閃通臂（シャントンベイ）の相手の攻撃を肩から受け流す動き

などがあります。さらに前後左右へのすべての動きが足首の原穴を巧（たく）まずして刺激しているのです。原穴の刺激による自然治癒力の向上には計り知れないものが

ありります。そのためにもスナップを利かせるところはしっかりと利かせていただきたいと思います。

三　養生法として

養生とは生命を正しく養うこと。従来の養生は身体を労わって病を未然に防ぎ天寿を全うするという守りの養生でしたが、これからは日日生命のエネルギーを勝ち取っていき、死ぬ日を最高に、その勢いを駆って死後の世界に突入するという攻めの養生です。

この攻めの養生の推進力はH・ベルクソン（1859〜1941年）の〝生命の躍動（エラン・ヴィタール）〟です。生命の躍動とは生命の創造的進化を促す内なる衝動力。換言すれば、内なる生命場のダイナミズムです。このダイナミズムによって生命場のエネルギーが体外に溢れ出ると私たちは歓喜に包まれるとベルクソンはいいます。

この歓喜、すなわちこころのときめきこそ私たちの免疫力や自然治癒力を高める最大の要因であることを長い間のがん治療の現場での体験のなかで私は確信しました。会得したといってもよいでしょう。

だから、私はがんの患者さんにとにかくときめいてくれと強調します。養生法としての太極拳は、まさにこのときめきを生み出すのです。

代替療法を組み合わせて個性的な戦略を作る

それについて説明する前に、私が追求するホリスティック医学では、どのようにがんに立ち向かっていくのかをお話ししたいと思います。

ホリスティック医学といってもまだひとつの方法論として確立されているわけではありません。では、実際にはどうしているのか。

からだにはたらきかける西洋医学、こころにはたらきかける各種心理療法、そ

していのちにはたらきかけるさまざまな代替療法を組み合わせて個性的な戦略を作るのです

代替療法は世界にごまんとあります。たとえば、インドの古代医学であるアユール・ヴェーダ（Ajurveda）医学、中国四千年の歴史を誇る伝統医学の中医学、ドイツのサミュエル・ハーネマン（１７５５〜１８４３年）によって体系化され欧米にしっかり根付いているホメオパシーなど歴史と体系を備えた大所から、イギリスのスピリチュアル・ヒーリング、アメリカのセラピューテック・タッチ、オステオパシー、各種ハーブ療法などの中堅を経て、世界各地に伝わる民間療法まで、それはそれは多士済済あるいは、百花繚乱といってもよいでしょう。

このなかから、自分に適したものを選ぶといっても並大抵のことではありません。そこで、患者さんと膝を交えての戦略会議ということになります。いくら個性的といってもそこは自ら順序あるいは枠組みというものがあります。

まずは二階造の家を思い描いてください。いしずえともいうべき土台はこころの問題です。いかなるこころをもって、この難局を乗り切っていくかを語り合います。ここが定まったら、一階部分に移ります。一部屋(ひとへや)は食事の部屋です。食養生あるいは食事療法といっても、これまた多士済済、王道(おうどう)というものはありません。食に対する自分なりの理念を築いていただきます。

もう一部屋が気功です。これまた四千年の歴史を誇る中国養生法の一方の雄、これまた多士済済、どのくらいの種類があるのか見当もつけられませんが、私の病院の道場では週に15種類の気功が30番組おこなわれています。放松功(ほうしょうこう)、保健功(ほけんこう)、簡化外丹功(かんかがいたんこう)、内養功(ないようこう)、郭林新気功(かくりんしんきこう)、智能功(ちのうこう)、宮廷二一式呼吸健康法(きゅうてい)、八段錦(はちだんきん)、楊名時太極拳、新呼吸法「時空(じくう)」などです。入院患者さんはこれらの番組に自由に参加して、自分にふさわしい功法を一つ二つ身につけて帰ります。いちばんむつかしいのに、いちばん人気があるのが太極拳です。

こうして土台と一階部分を固めたあと、さまざまな治療法がひしめいている二階部分に移ります。まずは西洋医学です。手術ができるのか化学療法は？　放射線は？　と検討します。次いで中医学。漢方薬は？　鍼灸は？　あるいはビワの葉温灸は？　さらにはリラクゼーションやイメージ療法などの心理療法に音楽療法、そしてホメオパシーに丸山ワクチン、そしてサプリメントと話し合っていきます。

さらに私の病院で提供できない方法も必要に応じて検討し、戦術として取り上げることにした場合は、それぞれの病院に患者さんを紹介してこれを遂行します。たとえば、粒子線、ペプチドワクチン、ハスミワクチン、活性化リンパ球療法、樹状細胞免疫療法、ビタミンC大量療法などです。

土台となるこころの問題で一番大事なのはときめき

さて、土台となるのはこころの問題だとお話ししましたが、このこころの問題で、一番大事なのが、こころのときめきです。まなじりを決してがんと対峙するも好し、折り合いをつけてがんと共存するも好し、とにかく折りにふれてときめいて下さいといいます。私の患者さんの多くは私の本を読んでいますので、わかっています！　と頼もしい答えが返ってきます。

なかには、そんなことをいわれても無理です。余命6ヵ月といわれたのではとてもときめくどころではありませんよ！　と嘆息することしきりという人もいます。このような場合は、そんなことはありませんよ！　初々しいこころさえ失わなければ、ときめきのチャンスはかならずやってきます。それをしっかりと手にすることですといって励まします。

さらには、先生はどういうときにときめきますかぁといって逆襲に転ずる人がいます。これにはこころを込めてお答えすることにしています。だから私の引き出しにはときめきの材料がいっぱい入っています。そのうちのいくつかをご披露いたしましょう。

まずは一日の終わりの晩酌です。私はこの晩酌を最後の晩餐だと思っています。

あのキリストの最後の晩餐です。

なぜ、最後の晩餐なのか説明しましょう。診療だけでなく、日頃つきあっている患者さんの死の不安をやわらげるのは私たちの仕事の一部です。死に対する不安に嘖まれていたのでは、免疫力も自然治癒力も溌剌とははたらいてくれません。そこで、患者さんの死に対する不安を少しでもやわらげようといろいろ試行錯誤して来ました。そしてやっと辿り着いたのが、畏友　青木新門さんの『納棺夫日記』（文春文庫、1996年）でした。

患者さんより一歩でも二歩でも死に近いところに立つ

1回読んだだけでは気が付きませんでした。何回もよんでいるうちにはた、と気が付いたのです。そこにはこう書かれていました。死に直面して不安におののいている人を癒すことのできる人は、その患者さんよりも一歩でも二歩でも死に近いところに立つことのできる人であると。

私の場合、今日死に逝く人もいれば、明日死に逝く人もいる。ならば、今日が最後と思って生きようと考えたのです。70歳を過ぎると今日が最後の日と思うこともそれほど難しいことではありません。そういう死生観の人は結構居るものですよ。ぱっと思い出すだけでも世界の王貞治さん、アップル社のスティーブ・ジョブスさん、映画評論家の淀川長治さんと3人も出て来ます。今日が最後と思うのですから、晩酌は最後の晩餐となります。

毎日夕方の6時半になると職員食堂に足を運びます。私の指定席のテーブルの上にはもう酒の肴が用意されています。湯豆腐とか芋の煮転がしなどです。旬の刺身はまだ冷蔵庫の中です。これを一瞥すると、あっウィスキーだ！　と飲みものが定まります。自室からウィスキーを取って来ます。それもいちばん高級なものをです。今日が最後の晩餐ですから。

まず、よく冷えたビールがきゅーっと喉をくだると背筋がピーンと伸びて来ます。次いで琥珀色（こはくいろ）の液体がコンコンコンと音を立ててロックグラスに注がれると、胸のあたりにある種の覚悟が生まれます。今日もあと5、6時間だ、しっかり生きよう！　という覚悟です。そして、飲むほどに喰（く）うほどにこの覚悟がときめきに変わっていくのです。どうです、最高の食養生ではないでしょうか。

私が早起きなのはこの最後の晩餐を心置きなく執（と）り行うためなのですよ。晩酌を始めるためには一日の仕事が全部終了していなくてはなりません。そのためにスタートラインをどんどん上げていって、ついに早朝の2時半起床、3時半就業というところで落ち着いたのです。

次のときめきをあげると、原稿の締切（しめき）りです。プロの作家でもないのに大小いろいろな原稿依頼が押し寄せて来ます。ありがたいことです。原則としていつも押しいただいて書かせていただいています。

まだ構想の定まらない書き出しはなんとなく憂うつです。一日延（の）ばしにしていきます。ところが、書き進んで折り返し地点にさしかかるころになると俄然楽しくなって来ます。原稿用紙に向かうとこころがときめいてくるのです。何物かを作り上げていくときめきなのでしょう。自己実現につながるときめきです。

さらに締切りが近づいて来ると、ますますときめいて来ます。締切りの前日に原稿を投函するときのうれしさったらありません。私のほかにも締切りにときめく人がいました。ニューヨークの文芸評論家アナトール・ブロイヤードさんです。

彼はある日、前立腺がんの全身骨転移を宣告されます。このときおどろきとともに心にときめきを覚えたといいます。何が故のときめきか？　わが人生にも遂に締切りが設けられたと思ってときめいたというのです。平生いかに締切りにときめいていたかわかるというものです。さらに、もはや一日一日がさりげないものではなくなった。危機の気配が漲ったと結んでいます。気持ちの高揚ぶりが手にとるようにわかります。

そして、もうひとつのときめきは、なんといっても恋心でしょう。かつて今は亡き伊那谷の老子こと英文学者の加島祥造さんと対談して本を作ったことがあります（『静けさに帰る』風雲社、2007年）。

「ときめき⁉ そいつはぁ、なんといっても女だよぉ！」

その対談のなかで私がときめきの大切さに触れると、「ときめき⁉」といいながら私をきっと睨んで、「そいつはぁ、なんといっても女だよぉ！」と叫んだものです。そのとき加島さんはたしか84歳。この年齢で？　と訝しんだものですが、その後、お付き合いをするなかで、彼が大変な艶福家であることがわかりました。92歳で逝くまでに恋をしていたのですから羨ましいかぎりです。

羨ましいといえばもうおひとり、作家の筒井康隆さんと対談したときのことです。80歳に近い年齢だったと記憶していますが、その端正な顔だちを見て、「筒井さん、昔は女性にもてたでしょう⁉」と問いかけたところ、

「いやぁ、今のほうがもてますねぇ……。」

と来たものです。

私は思わず膝を打ちました。それというのも私も60歳代になってもてはじめたからです。80歳の今も相変わらずもてています。私自身も日を追って女性が好きになって来ます。死ぬまで恋をしたいものです。

恋といってもいろいろなレベルがあります。私の場合は憎からず思っている女性と酒席を共にしたあと別れしなにハグが出来れば御の字です。東邦大学名誉教授で生理学者の有田秀穂さんによれば、ハグによって脳内物質のセロトニンの分泌が高まるというのですから健康にもよいのでしょう。

そして次のときめきは、いよいよ太極拳です。とはいっても、私の場合、いつもときめくというわけではありません。多くの場合、複数の人といっしょに整然としてやっているのは駄目です。あたりを気にせずひとりで太極拳三昧とばかりに没入しているときにときめくのです。

その経緯をご披露いたしますと、前述したように私は早朝の3時半に出勤いたします。そしてすぐに仕事を始めます。前日の手紙に対する返事やら原稿の校正あるいは締切りの近づいた短い原稿。全国各地からの郵便で届くホメオパシーの依頼への処方など、さまざまな仕事が山積しています。

山積しているといっても、これらはいわば私個人の仕事です。これを病院の医師としての仕事のなかに持ち込みたくないのです。7時半に患者さんとの練功のために院内の道場に立つところから医師として仕事が開始されるとするならば、そのときは用意万端すべてととのえて、さあ！　どこからでもかかって来いという状態になっていたいのです。あたかも和菓子屋さんや割烹料理屋さんが仕込みを済ませて開店に臨むようにです。

3時半から7時半までの4時間、気を弛めずにてきぱきと山積する仕事を片付けていきます。4時間打っ通しではどうしても疲れが残ります。それでは仕込みが終わったことにはなりません。そこで、一計をめぐらし、途中で一息入れることにしました。5時過ぎに道場に入って楊名時太極拳を1回だけ舞うことにしたのです。

季節にもよりますが、真っ暗な道場に半分だけ電燈をつけ、神棚に二礼二拍手のあとさっと舞います。全部で10分程度。出来映えには頓着せず、まさに一期一会の境地です。初めの頃は仕事の切りが悪ければ道場に行かず仕舞いということも珍しくもなかったのですが、次第に休むことがなくなって来ました。なぜか太極拳自体が楽しくなって来たのです。一年くらいすると、その楽しみがときめきに変わって来ました。そのときめきの味を占めた最近では、滅多なことでは休みません。完全にわが朝の行事になってしまったのようです。

それにしてもこのときめきは何処から来るのだろうか、とつらつら考えているうちに、太極拳の特徴中の特徴ともいえる〝套路〟が浮上して来たのです。套路とは途切れることなく連綿として続く一連の動きのなかでもその繋がりが特別に緊密な動きのことをいいます。

太極拳のときめきは
套路のダイナミズムだった

ちなみに『中国太極拳事典』（余功保編著、楊進監修、ベースボール・マガジン社、2013）によれば、

套路（とうろ・taolu）　太極拳の用語。太極拳の単式から一定の方法、構造の組み合わせで練習する形式。太極拳の伝承中で最も重要な表現方式。太極拳の要領、技術などは套路の練習を通じて体得される。套路は簡単な単独動作のつながりではなく、一式ごとに内在する相互関係がある。

この解説の最後の三行に着目し、これを肝に銘じていただきたい。
そしてここで連想するのはH・ベルクソンの〝純粋持続〟です。『西田幾多郎

の生命哲学』（檜垣立哉著、講談社学術新書、2005年）によれば、

人間の生とは持続である。持続とは、メロディーにおいてみられるような分割不可能な流れである。メロディーはバラバラの音から構成されるものではない。メロディーが具体的に流れとして存在するためには、個々の音が緊密に結びついたあり方をとらなくてはならない。はるか彼方からやって来て、積極的に未来に向かうものである。

套路とは、私たちが生きることとの根本原理だったのです。太極拳の最大の特徴は套路のように思えてきました。うれしくなって、たまたま手許にあった『太極拳全書』（人民体育出版社編、1988年）を繙（ひもと）いてみました。やはりありました。太極拳の特徴のひとつとして、次なる一行が明記されているではありませんか。

如長江大河、滔滔不絶、一気呵成。

長江とは揚子江のことで大河とは黄河のことです。滔滔とは水の盛んに流れるさま。不絶とは途中で途切れないことをいいます。そして一気呵成とは物事を一気に成しとげること。轟轟たる大河の流れが目に浮かんで来ます。

ここはどうしても盛唐の詩人李白（701～762年）の「将進酒」を紹介しましょう。

君不レ見
黄河之水天上來
奔流到レ海二不復回一

君見ずや

黄河の水天井より来るを
奔流海に至って復た回らず。

太極拳のときめきは套路のダイナミズムだったのです。一気呵成とは実際の太極拳の動きのスピードではなく、ゆるやかな動きの中に流れる生命のダイナミズムを表現しているのでしょう。

生命の躍動と終わりなき自己実現

さて、心のときめきがなぜ免疫力や自然治癒力を高めてがんに負けない人間まるごとを造るのでしょうか。ここでまたまたH・ベルクソンさんの登場です。彼はもともとC・ダーウィン（1809〜1882年）の進化論に異を唱えて〝生命の躍動〟を提唱したのでした。ダーウィンの進化論の中核は自然淘汰です。自

然淘汰とは？　正確を期するために『広辞苑』から引用しますと、

しぜん・とうた【自然淘汰】(natural selection)　生物進化においてある種の個体群を構成する個体間で、ある形質を持つ個体がそれを持たない個体よりも多くの子孫を残すことができ、しかもその形質が遺伝するなら、その形質が後の世代により広く伝わるようになること。このような過程が集積することによって適応的進化が生じたとするのを自然淘汰説という。ダーウィン提唱。

言うまでもなく、ダーウィンの進化論は世界の科学史に燦然（さんぜん）と輝く功績ですが、自然淘汰説だけで進化を説明するのは少し弱いのではないか、そこには生命の創造的進化を促す内的な衝動力が必要だったのではないかとして〝生命の躍動〟を唱えたのです。

さらに、生命の躍動によって内なる生命のエネルギーが体外に溢れ出ると私たちは歓喜に包まれるといいます。そしてこの歓喜はただの快楽ではなく、そこにはかならず創造を伴っているといいます。何を創造するのか？　自己の力をもって自己を創造するのです。自己の創造、これこそ自己実現ではありませんか。終わりなき自己実現です。

太極拳の道は、まさに終わりなき自己実現の道です。現在に満足することなく常に上を目指しています。まるで柳生石舟斎や宮本武蔵の剣の道です。歓喜と自己実現が一体となることによって免疫力も自然治癒力も向上してがんに負けない太極拳になるのです。

ローマのガレノス（129頃～199年）に端を発し、フランスのL・パスツール（1822～1885年）によってその頂点をきわめた分析的医学に、これまた異を唱えたのがベルクソンです。分析の代わりに直観をその形而上学の根底に据えて人間まるごとの医学を提唱したのです。ホリスティック医学の元祖のひとりといってもよいでしょう。

問題は人間まるごとです。人間まるごとというとどうしても感覚でとらえることのできる人体まるごとを考えてしまいがちです。ところが私たちの内なる生命場は環境の場の一部です。環境の場を追っていくと何千とも数えられている多くの宇宙を包み込む偉大なる空間である〝虚空（こくう）〟に到達します。虚空すなわち太極です。

西田幾多郎（1870～1945年）の言葉を借りれば、「全体」は現実化されたあり方でとらえられるものではなく、それはまさに関係性の無限の拡がりを意味するのです。

太極拳は太極（宇宙生成の原理）を中心に据えています。じつを言うと太極拳は私たちの養生も生死も超えた偉大な存在だったのです。

Part 4

帯津三敬病院での太極拳養生法

がんに負けない太極拳養生法を一番実践しているのが、
帯津先生が名誉院長をつとめる帯津三敬病院です。
この病院には道場があり、患者さんたちが、
太極拳をはじめ様々な気功を行っています。
帯津先生がこの道場で患者さんたちを指導するところにお邪魔して、
その様子を見せていただくとともに、
実際に、がんを経験しながら太極拳養生法を
実践してがんに負けなかった患者さんたちにお話をうかがいました。

帯津先生がホリスティック医学を追求するために34年前に開設した帯津三敬病院は埼玉県川越市の郊外にある。西洋医学だけでなく、様々な代替療法でがんに立ち向かうことで知られ、普通の病院とはちょっと違った存在だが、それ以上にユニークなのが一階に設けられている道場である。道場のある病院は全国を見渡してもここしかないのではないだろうか。

病院の一階に設けられた道場で行われる太極拳

道場には「直心是道場」と書かれた額がかけられている。帯津三敬病院は7年前に新病院が建てられ移転した。旧病院の道場は病棟とは別の建物で畳が敷かれ、まさに道場そのものだった。新病院では病棟の一階に設けられたが、リハビリテーションのスペースと共用になり、板張りである。それを患者さんたちが残念がったので、「気持ちさえあれば、そこが道場である」という意味の額をかけたのだという。

この道場で放松功、保健功、簡化外丹功、内養功、郭林新気功、智能功、宮廷二一式呼吸健康法、八段錦、楊名時太極拳、新呼吸法「時空」などの気功の教室が1日に3から5クラス開かれている。この教室には患者さんが自由に参加できる。これら教室のなかで、一番人気があるのが、楊名時太極拳なのだという。

火曜日の午後4時半から午後6時の時間は「養生塾」と名付けられていて、帯津先生自らが太極拳を指導する。

この時間に合わせて、道場を訪れた。

すでに30人近い人たちが道場に集まっている。入院患者さんだけでなく、養生塾では帯津先生から直接指導を受けられるとあって、遠方から通ってきている人もいる。

まずは帯津先生と向かい合って、站椿功（タントウコウ）や八段錦といった気功を行う。そして、太極拳。帯津先生の動きに合せて、全員が24の型を流れるように演舞する。決して、上手な動きをする人ばかりではない。それぞれが、できる範囲で動いていて、途中で腰を下ろして休憩する人もいる。しかし、道場全体に気が張りつめ、場のエネルギーが高まっていく。

そのあと、帯津先生の講話。近況を交えながら、養生について様々なテーマで帯津先生が語る。この日は太極拳における套路（とうろ）の大切さについて話した。最後は帯津先生が考案した新呼吸法「時空（じくう）」。気功、太極拳、講話、呼吸法と盛り沢山な内容だ。これらを1時間半も行っていると、健康な人でもかなり疲れると思うが、患者さんたちは、おのおのがマイペースで最後までこなしている。

がんに負けない太極拳を実践するベテランの人たち

養生塾に毎回、通っているベテランの人たちに話を聞いた。この人たちはみんな、がんを経験しながら、それに負けなかった人たちだ。

まずは患者の会の世話人の代表格の大野聡克さん（70）。大野さんは45歳のときに直腸がんが見つかった。それまで20年近く血便が出ていたというが、医者嫌いで放っておいた。しかし、ついに貧血になるまで血便が出るようになったので、しかたなく勤め先に近い帯津三敬病院に来た。がんは直腸だけでなく、肝臓にも転移していた。S字結腸、直腸、肛門を切り、肝臓も開いてみたが、手をつけられないとそのまま閉じた。

大野聡克さん

ガン切除の手術のあと、人工肛門をつけ、抗がん剤をほんの少しだけやったが、体に合わないと思いやめてしまった。薬は漢方薬だけにして、あとは気功や太極拳を始めた。2ヶ月半の入院生活が暇だったので、他の患者さんについて、道場に来てみたら太極拳にはまってしまったのだという。最初は動きがまったくわからなかったが、多いときは朝昼晩と1日3回太極拳をやり、入院期間中に動きを覚えることができた。退院後も漢方薬、太極拳、ジョギングを続けていたら、2年後には肝臓に転移していたがんが消えてしまった。それから20数年がたつが、がんが再発したことはない。

今、生きているんだから少しずつ死から離れていける

がんが消えるまでの2年の間、やはり死への不安はあり、何度も死ぬ夢を見たという。でも、太極拳をやっていると不安が薄れた。

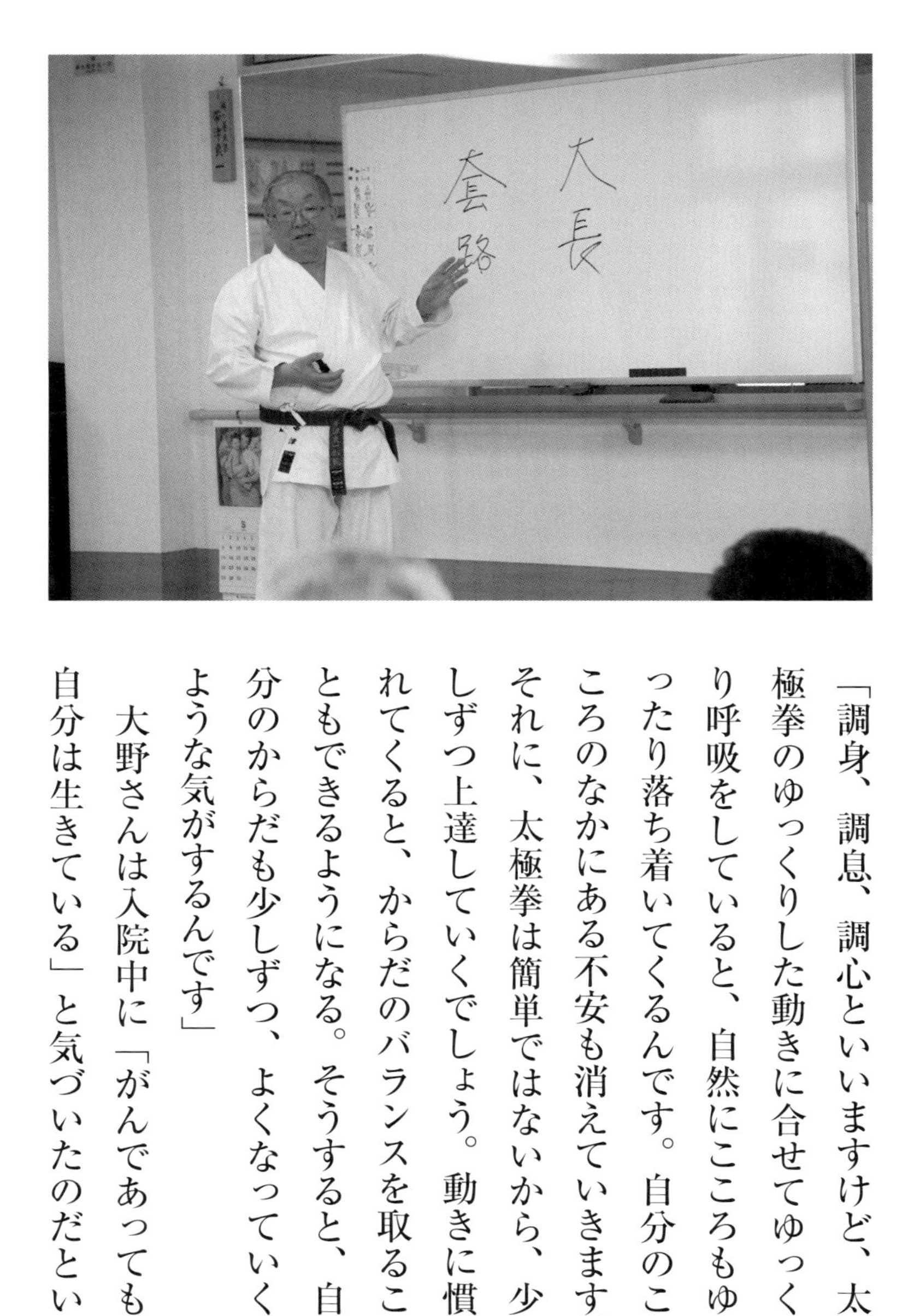

「調身、調息、調心といいますけど、太極拳のゆっくりした動きに合せてゆっくり呼吸をしていると、自然にこころもゆったり落ち着いてくるんです。自分のこころのなかにある不安も消えていきます。それに、太極拳は簡単ではないから、少しずつ上達していくでしょう。動きに慣れてくると、からだのバランスを取ることもできるようになる。そうすると、自分のからだも少しずつ、よくなっていくような気がするんです」

　大野さんは入院中に「がんであっても自分は生きている」と気づいたのだとい

う。今、生きているんだから、少しずつでも体にいいことをしていけば、少しずつ死から離れていけるのではないかと考えた。もとより医者嫌いだったから、あまり医学のことを信用していない。腫瘍マーカーという検査の数値があることも、ほかの患者さんに聞くまでは、知らなかった。医学的に悲観的なことを言われても、「医者は後から文句を言われないように、患者に悪いように言うものだ」ぐらいに考えていた。むしろ、自分のからだのことは自分の実感の方を大事にする。少しずつでも、元気になっている、よくなっていると感じることが大事なのだという。そういう気持ちにさせてくれるのが、太極拳だった。

「がんは病原菌が入ってくるような病気とは違うと思うんです。自分のからだが傷んでいるために、自分自身が生み出してしまったものが、がんです。だから、がんを治すのではなくて、傷んだからだを直すことを考えないといけない。それには太極拳が一番です。太極拳は自分のからだを整えてくれる。太極拳をすると、自分のからだが整っていくのを感じることができます」

太極拳を通して生きていることを実感する

もうひとりのベテラン、坂本榮子さん（70）も48歳のときに直腸がんが見つかり、やはり肝臓に転移していた。直腸のがんは手術で切除したが、転移したがんについては手術せずに抗がん剤を処方された。ところが、その抗がん剤を飲むのがいやで、手術した病院とは縁を切って、友人の紹介で帯津三敬病院に来た。その後は漢方薬を飲み、最初は丹田呼吸法、次に太極拳をやって今にいたるが、肝臓のがんは消えてしまっている。再発もしていない。がんの手術から8年後ぐらいに、坂本さんの家族に、縁を切った病院から、「いつどのように亡くなりましたか」というアンケートが届いたとい

坂本榮子さん

う。その病院の主治医は坂本さんが助かるとは思っていなかったのだろう。坂本さんも太極拳を始めたら、その魅力にはまってしまった。

「太極拳の昇段試験を受けるのに必死になってしまいました。面白かったです」

自分の太極拳が上達するのがうれしくて、夢中になった。初伝、中伝、奥伝、指導員と昇段していき、今は準師範だ。次は師範を目指している。

坂本さんは週に1回、所沢から養生塾に通ってくる。手術をした西洋医学の医者に死んでいる患者と見なされてしまった。そういう自分について「私はもうこの世には席がないのかもしれない」と時々、不安に思うことがあるが、養生塾に出て、帯津先生に会い、太極拳をすると、「また1週間生き残った」と感じるのだという。それを20年間以上、続けてきた。

「今日、帯津先生が套路のことを話されましたが、本当に太極拳はひとつの物語だと思うんです。太極拳の套路を一通りやっていると、その時、まさに生きているって実感できます」

坂本さんにとって、太極拳は生きている証ともいえる存在になっている。

養生塾に来て太極拳をやると
シャキとエネルギーが高まる

高崎に住む岡庭和子さん（68）も週に1回の養生塾を欠かすことがない。高崎から車で高速道路を飛ばして川越までやってくる。

50歳のときに勧められて受けた検診で胃がんが見つかり、地元の病院で胃を4分の3切った。術後に知人の勧めで帯津三敬病院に通い始め、数ヶ月に1回検診を受け、5年がたった。もう胃がんの再発の恐れはないだろうと思っていたのに、今度は新たに乳がんが見つかった。

岡庭和子さん

「もうそのときはドカーンと落ち込んでしま

って。今度は手術も帯津三敬病院でして、術後も無理をしないように、家には帰らず、３ヶ月入院することにしました」

この３ヶ月間で岡庭さんは太極拳の世界に入り込んだ。やってみて、すぐに好きだと思ったという。

「太極拳は型を覚えるのが大変なので、最初は動きがよくわからないんですが、帯津先生の近くにいると、先生の呼吸や気は感じられるんです。入院している頃は、それがうれしくて、太極拳に励んでいました」

３ヶ月の入院期間が終わったが、太極拳はひとりでできるほどにならなかった。もっと太極拳を上達させたいという気持ちから、１週間に１回、養生塾に通うことにした。

「周りは高速に乗って川越まで通うのは大変じゃないかと心配しましたが、１週間のスケジュールを養生塾に合わせて組み直して、通うことにしました。そうしたら、いいんです。疲れるけど、気持ちがいいんですよ。呼吸法や太極拳をきっちりやると、シャキとするんです」

　最初は家でビデオを観たりして型を覚えて、それが身についてくると、やっと帯津先生の話すことがわかってきたという。それまで、2年はかかった。その頃になると、1週間に1度の養生塾が欠かせないものになってきた。

「6日間、放っておくと徐々にエネルギーが落ちてくるんです。それが、養生塾に来て太極拳をやると、またシャキとしてエネルギーが高まる。もう、それなしではやっていけません」

　帯津三敬病院で太極拳養生法を実践す

る人たちにとって、太極拳は単なる養生法ではない。すでに、太極拳と生きることが一致している。太極拳がない生活など考えられない。太極拳を通して、生きていることを実感する。帯津先生のいう生命の躍動を太極拳が生み出してくれる。そして太極拳は自分のいのちを高めてくれる。そこまで太極拳に取り組んでこそ、がんに負けない養生法になるのかもしれない。

Part 5

実践編

八段錦を実際にやってみよう

太極拳と共によく行われる気功が八段錦(はちだんきん)です。手足を流麗に動かさなければならない太極拳は習得するのに時間がかかります。それに対して、八段錦は下半身が固定されていてほとんど動きません。このため、動きを覚えやすいのです。しかも、8つの型のそれぞれに効能がはっきり決まっています。胃腸を整えたいときは三段錦、イライラを鎮めるときは五段錦というように必要に応じて型を選ぶこともできます。八段錦には太極拳に劣らない養生の効果があります。太極拳をあせらず、ゆっくり習得するのと共に、八段錦を帯津先生の解説付きで実際にやってみて、からだ（Body）、こころ（Mind）、いのち（Spirit）を整えましょう。

全内臓を整える 一段錦

1 両足をそろえて立ち、手を自然に下ろし、背筋を伸ばして、呼吸を整えます。

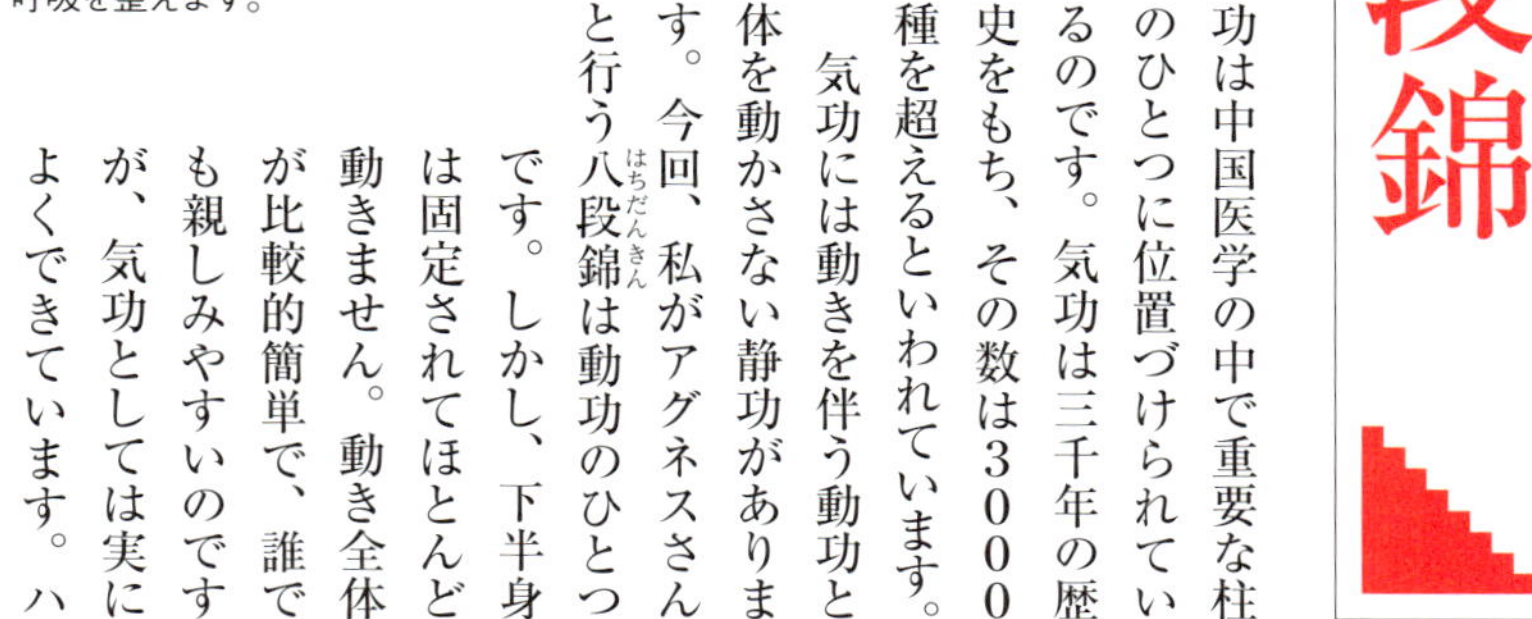

下半身はそのまま だから簡単、でも優秀

中国医学は病を治す治療医学と健康を保つ養生医学に分類されます。治療医学は漢方薬やハリ・灸などがあり、養生医学には食養生などと並んで気功があります。つまり気功は中国医学の中で重要な柱のひとつに位置づけられているのです。気功は三千年の歴史をもち、その数は3000種を超えるといわれています。

気功には動きを伴う動功と体を動かさない静功があります。今回、私がアグネスさんと行う八段錦（はちだんきん）は動功のひとつです。しかし、下半身は固定されてほとんど動きません。動き全体が比較的簡単で、誰でも親しみやすいのですが、気功としては実によくできています。ハリ・灸は気が循環するルートである経絡（けいらく）を刺激して治療しますが、動功も体の動きによって、この経絡を刺激して気の流れをよくします。八段錦は簡単な動きの中に経絡への配慮が行き届いていて、どの動作をしても必要な経絡が刺激されるようになっています。

さて、まずは最初に行う一段錦ですが、「双手托天理三焦（スァンショウトゥオティエンリィサンジャオ）」と呼ばれる動きです。「托天」とは手のひらで天を受けるという意味。「理」は整えるという意味で、「三焦」は胸や腹の五臓六腑を指します。つまり、両手を頭上にのびやかに上げることで、経絡を刺激して、すべての内臓を整える型なのです。内臓の中でも、特に胃腸によく効き、脇や胸が伸びることは気力の充実にもつながります。

吸う

2 左足を肩幅に開き、ひざを少し曲げて、肩の力を抜き自然に立ちます。

3 両手をおなかの前で軽く組みます。手のひらは上向き。

吐く

4 息を吸いながら、手のひらは上向きで、両手を肩の高さまで、上げていきます。

5 肩の高さで手のひらを返し、手のひらを下向きにします。

吸う

6 息を吐きながら両手を下ろしていきます。手のひらは下向きのまま。

7 へその位置まで両手を下ろして、息を吐き切ります。

吐く

10 手のひらを上向きにして両手を頭上に上げます。ひざはゆるめたまま、上半身を持ち上げるような気持ちで。

11 両手をほどき、息を吐きながら、左右に開きます。

8 再び、手のひらは下向きのまま、息を吸いながら、両手を上げます。

9 顔のあたりで手のひらを返して外側に向けます。

ここまで
50秒

12 息を吐きながら、両手をゆっくり下ろしていきます。

13 2の両手を下げた自然な立ち方にもどり、最後に両足を閉じます。

心肺と足腰に効く 二段錦

ツボを刺激するから指で作るV字も大切

　二段錦は「左右開弓似射雕」という動きです。雕とはワシのことで、大きな鳥を意味しています。大きな鳥を弓で射るというのが、二段錦の形なのです。

　腰を低くして、下半身は馬にまたがる姿勢になります。この姿勢は騎馬立ちと呼ばれ、腰、脚、足の裏に負担がかかります。最初は苦しいかもしれません。しかし、この負担が足腰を鍛えるのです。また、上半身の力が抜けて下半身に力がみなぎった、気功では重要な状態「上虚下実」を体得することになります。

　上半身は十分に力を抜き、のびのびと胸を広げます。背すじを伸ばして、両腕もいっぱいに伸ばすようにします。これが心臓と肺によい効果を与えます。

　中国医学では気が循環するルートである経絡を重視します。体には全部で20の経絡があり、そのうち治療に用いられるのは14の経絡です。ハリ・灸では、どの病気のときに、どの経絡を刺激すれば治せるかの治療体系が出来上がっています。八段錦でもこの経絡に働きかけます。二段錦では両腕にある三陽経（腕の表側にある3本の経絡）と三陰経（腕の裏側にある3本の経絡）を刺激します。

　途中、指でV字形を作る動きがあります。これは、三陽経と三陰経が手首と交差する部分にある原穴と呼ばれるツボを刺激することになります。生命を営むために重要なツボですので、大切な動きです。

1 両足をそろえて立ち、手を自然に下ろし、背すじを伸ばして、呼吸を整えます。

吸う

2 左足を大きく開いて腰を低く落として、騎馬立ちに。背はまっすぐに両手を前にたらし、息を吐き切ります。

3 息を吸いながら、腰を少し高く上げ、両手を軽く握って、胸の高さにもってきます。

吐く

4 そのままの姿勢で、左手の人差し指と中指でV字形を作ります。

吸う

5 息を吐きながら、左手は左横に押し出し、右手は握ったままひじから右横に引き、目はV字形越しに先を見ます。

吐く

6 息を吸いながら、左手をもとの位置に戻します。

7 両手を胸の前に戻しV字形を解き、顔も正面に戻します。

吐く

吸う

10 今度は右手でV字形を作ります。

11 息を吐きながら、5と左右逆に、右手を押し出します。

吸う

9 息を吸いながら、腰を上げ、両手を引き上げ、3のポーズになります。

8 息を吐きながら両手を開いて下げ、腰を落として、再び2のポーズになります。

ここまで 50秒

吐く

13 息を吐きながら両手を開いて下げ、腰を落として、2のポーズに。それから1の姿勢に戻って終わります。

12 息を吸いながら､右手を戻し､再び7のポーズに。

胃腸を整え、丈夫にする 三段錦

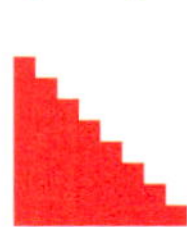
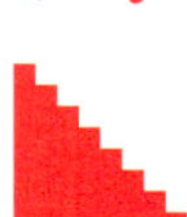

気の柱を手のひらに載せるイメージで

三番目の動き、三段錦は「調理脾胃須単挙（ティアオリピウェイシュダンジュィ）」と呼ばれています。調理とは整えることですので、この言葉の意味は「〝脾胃〟を整えるには片手を上げることだ」ということになります。

ところが、ここで少し説明が必要なのは、脾（ひ）についてです。中国医学でいう脾は、西洋医学でいう脾臓のことではありません。臓器というよりは消化機能を表す言葉だと理解してもらってかまいません。

ですから脾胃とは胃腸のことと考えてください。息を吸いながら片手を上げることで、消化機能に働きかける経絡（けいらく）の「脾経」と、胃に働きかける経絡の「胃経」の両方が十分に伸びます。これが胃腸を整えることになるのです。

さらに両手のひらを上に向けて上げていくとき、無限に長い気の柱を手のひらに載せているようなイメージを作ります。手のひらが上がるにつれ、気の柱の先端も天の彼方で少しずつ動いていくのです。

これまでお話ししましたが、私は太極拳や気功をするとき、宇宙を生み出した偉大な空間である「虚空」を意識します。気功とは、その虚空と気のやりとりをすることなのです。手のひらに載せている無限に長い気の柱は、先端が虚空につながっています。そうイメージすることが大事なのです。

気の柱の先端が虚空に届いていると感じることで、身も心も一気に天にかけ昇る気持ちになります。

吸う

《 呼吸

1 足を肩幅に開いて自然に立ち、呼吸を整えます。

吐く

2 両手を上向きにして、息を吸いながら上げていきます。このときに気の柱を手のひらにイメージします。

3 肩の高さで手のひらを返します。

吸う

4 息を吐きながら、みぞおちの高さまで両手を下ろしていきます。

5 息を吸いながら、左手をひじから上げていきます。

吐く

6 左手のひらを上向きに頭上に上げて天を支え、同時に右手を右わきに下ろし、地を押さえます。

7 息を吐きながら左手を下ろしていきます。

吸う

10 息を吐きながら、みぞおちの高さまで両手を下ろしていきます。

吐く

11 今度は右手を上げ、先ほどと左右逆の動きをします。

吸う　吐く

8 最初の自然に立つポーズに戻ります。

9 再び息を吸いながら、両手を上向きにして上げ、肩の高さで手のひらを返します。

ここまで
70秒

12 息を吐きながら、右手を下ろします。

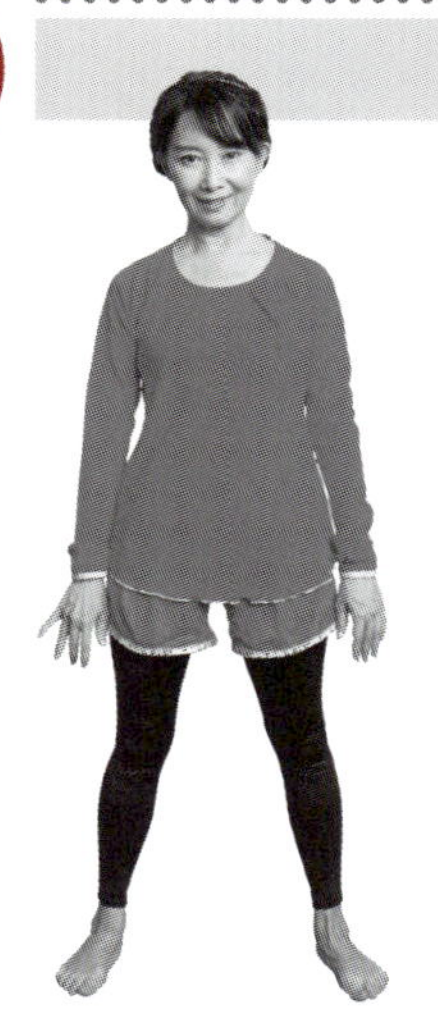

13 もう一度、自然に立つポーズに戻ります。

心身の疲れを癒やす 四段錦

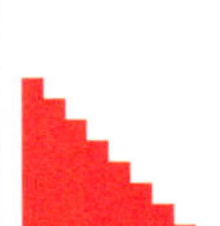

喜びすぎ、怒りすぎ どちらもよくないから

四段錦は「五労七傷往后瞧（ウラオチシャンワンホウチアオ）」と呼ばれています。「五労七傷」を癒やすため、首を回して後ろを見るという意味です。後ろを見るという単純な動作なのですが、そこに気功でいちばん大切な調身、調息、調心への取り組みが凝縮されています。

「五労七傷」にはいろいろな説があるのですが、五労とは「見すぎ、寝すぎ、座りすぎ、立ちすぎ、歩きすぎ」のことといわれています。日常生活でのさまざまな動作の中で、しすぎると疲労がたまるものを5つあげているのです。今風に言うと、パソコン画面の見すぎ、不規則睡眠、デスクに座りすぎ、通勤電車で立ちすぎ、帰宅で歩きすぎといったところでしょうか。

七傷は「喜、怒、憂、思、悲、恐、驚」の7つの感情によって、心身が傷つくことをいいます。喜びすぎても、怒りすぎても、憂うつになりすぎても、思いをめぐらせすぎても、悲しみすぎても、恐れすぎても、驚きすぎてもよくないのです。

しかし、現代のようなストレス社会では、7つの感情が揺れ動かざるを得ません。私たちは毎日のように、五労七傷にさらされています。ですから毎晩、就寝前にこの四段錦を行うことをおすすめします。

後ろを見るときに、上半身の力を抜き丹田に力をみなぎらせ（調身）、息を整え（調息）、雑念を払って集中します（調心）。それによって、心身が癒やされます。

吸う ‹‹ 呼吸

1 足を肩幅に開いて自然に立ち、呼吸を整えます。

吐く

2 両手を上向きにして、息を吸いながらゆっくり上げていきます。

3 肩の高さで手のひらを返します。

吸う

4 息を吐きながら、手をゆっくり下ろし、同時に首をなめらかに左に回します。体は動かさないように。

5 首は真横で止めますが、目はできるだけ後ろを見るように。両手のひらは下向きに、富士山の形を描くように下ろします。

6 両手のひらを上向きにし、息を吸いながら上げていきます。

吐く

7 両手を肩の高さまで上げ、同時に首を正面に戻し、手のひらを返します。

10 両手のひらを上向きに、息を吸いながら上げていきます。

吐く

11 両手を肩の高さまで上げ、同時に首を正面に戻し、手のひらを返します。

吸う

8 息を吐きながら、両手を富士山の形を描くように下ろし、今度は首を右に回します。

9 首は真横で静止しますが、目はできるだけ後ろを見るようにします。

ここまで 60秒

12 息を吐きながら、両手を下ろします。

13 もう一度、自然に立つポーズに戻ります。

イライラを鎮める
五段錦

心臓の「陽と陰」バランスを整えます

五段錦は心臓に働きかける動きで「揺頭擺尾去心火（ヤオトウバイウェイチュイシンフォ）」と呼ばれています。この言葉の意味は、「心火」を鎮めるために頭と背を一本の棒のように揺り動かす、というものです。

心臓は血液循環の機能をもった臓器ですが、役割はそれだけではありません。精神的に緊張したりすると、動悸が速くなるという経験は誰もがしたことがあるでしょう。心臓と心は密接につながっています。つまり、心臓の働きが心に影響し、心の働きが心臓に影響するという相互作用の関係にあるのです。中国医学ではこの点を重視します。

一方で、気の流れをよくするために気功を行うのですが、気には陽気と陰気があり、陽気は体の働きを高める働き、陰気は逆に鎮める働きがあります。この二つをバランスよく、体に流すことが必要です。

先に述べた「心火」とは、心火旺（しんかおう）といって心臓の陽気が強すぎる状態を表しています。

このように心臓の気のバランスが崩れていると、心にも影響を及ぼして、イライラしたり、不眠になったりします。また顔面紅潮、動悸、口内炎などの症状が出ます。

今回の五段錦は「心火」を鎮めて、心臓の気のバランスを回復させる動きです。心臓の陽気がおさまれば、心も落ちついて、イライラもなくなり、よく眠れるようになります。頭と背を一本の棒のようにして、軽快にしなやかに揺り動かすことが重要です。

自然な呼吸

<< 呼吸

1 足を肩幅に開いて自然に立ち、呼吸を整えます。

吐く　吸う

2 足を大きく開いて騎馬立ちになります。親指を後ろ側にして両手を両ももにかけ、ここでまず、大きく息を吸います。

3 息を吐きながら、右足の方向に上半身を前傾させ、頭が右ひざの真上にくるようにします。頭と背は一本の棒のように。

4 上半身を前傾させたまま、弧を描くように上半身を右から左に回します。

5 上半身の力を抜いて、息を吐き続け、前からさらに左にもっていきます。

吸う

吐く

6 頭が左ひざの上まできたら、いったん止まります。

7 息を吸いながら、頭だけを回して、右足の土踏まずを見ます。

10 頭と背を一本の棒のようにすることを忘れずに上半身を回していきます。

11 息を吸い続け、上半身を前からさらに右にもっていきます。

吸う

8 息を吐きながら、頭を元の左向きに戻します。

9 息を吸いながら、上半身を左から右に回します。

ここまで **65秒**

吐く

12 息を吐きながら、右前傾の姿勢から上半身を正面に戻し、最初の騎馬立ちの形に戻ります。

13 騎馬立ちの姿勢から、今度は反対の方向で、２から13の動作を繰り返します。

腎臓や腰痛によい 六段錦

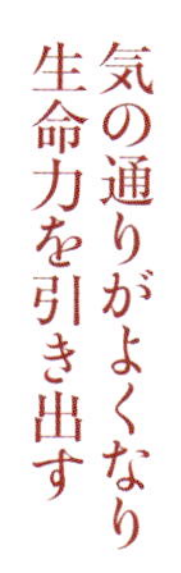

気の通りがよくなり 生命力を引き出す

六段錦は「両手攀足固腎腰」と呼ばれている動きです。攀はよじ登るという意味で、両手で足を引っ張るような動作をするのです。これが、腎臓や腰などにいい効果を及ぼします。

全身を十分に伸ばしたり、曲げたりします。そうすると気の通り道「経絡」の中でも大事な腎経と膀胱経がリラックスし、気の通りがよくなるのです。また腰の緊張を緩める作用などもあります。

五臓の中でも腎は、先天の本と言われています。先天の本とは、生まれながらにもっている生命力、エネルギーのことです。これが、腎に蓄えられているというのです。六段錦はこの腎に働きかけて、先天の本を引き出す作用があります。つまり、体全体を元気にする効果があるのです。

さらに膀胱経には内臓に関係する兪穴というツボが数多くあります。肺兪、心兪、肝兪、胆兪、脾兪、胃兪、三焦兪、腎兪、大腸兪、小腸兪、膀胱兪といったものです。これらのツボはそれぞれの内臓に対応しています。ですから、肺兪は喘息に、心兪は不整脈や動悸に、胃兪は胃痛や消化不良に効きます。こうしたツボが数多くある膀胱経をリラックスさせる六段錦は、すべての内臓のゆがみを調整する作用があります。

また六段錦のおなかを動かす動作は、腰の緊張を緩めるとともに消化器を刺激します。このため、腰痛や便秘にも効果があります。

吸う

<< 呼吸

1 自然に立ち、息を吸いながら手のひらを下にして両手を上げていきます。

吐く

2 肩の高さまできたら、手の動きを止め、息を吐きながら下ろします。

吸う

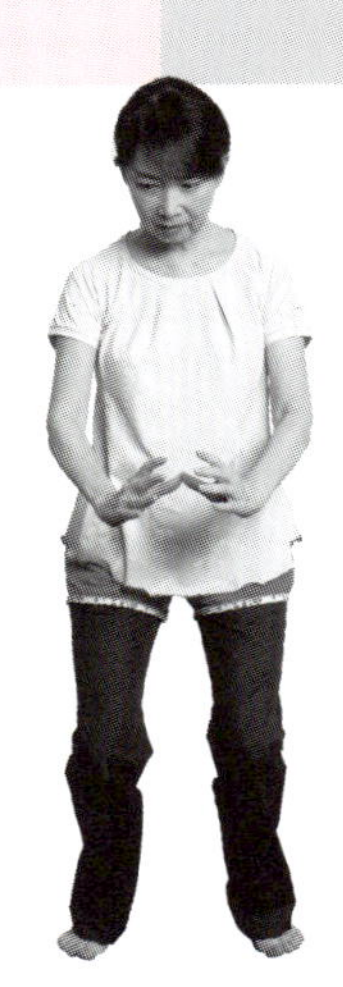

3 手を下ろしたら、手首を曲げたまま、少し後ろに引いた後、息を吸いながら手を上げていきます。

4 手首を曲げたまま、何かを持ち上げるような感じで上げていきます。

5 いったん全身を伸ばしてから緩めます。

吸う

6 手のひらで交互に天を突きます。脇腹と腰をしっかり伸ばすように。

吐く

7 6、7の動作を自然呼吸で5～6回繰り返します。

吸う

10 3回、回したら、今度は左から右に3回、回します。

吐く

11 手首を曲げ、息を吸いながら両手を頭上に伸ばし、5～7の動作を繰り返し、最後に息を大きく吸いながら、上半身を後ろに反らせます。

吐く　吸う

8 いったん全身を伸ばして息を吸います。

9 右から左に、腰の回転に合わせ両手を大きく回します。上体を倒すときに息を吐き、起こすときに息を吸います。

ここまで
60秒

吸う

12 息を吐きながら前屈し、両手を床につけます。

13 両手で足首を後ろからつかみ、膝と腰をよく伸ばします。その後、ゆっくりと上体を起こします。

1 自然に立ち、息を吐きながら、腰を落としていきます。

気力を充実させる 七段錦

仁王さんのように かっと見開いた目で

七段錦は「攢拳怒目増気力」という動きで、その意味は拳を強く握り、目を怒らせて気力を増大させるというものです。本来、気功では、「目を怒らせる」というようなことはしません。気功とはもっと穏やかなものなのです。ところがこの七段錦には武術的な要素が強く残っていて、拳を押し出すときに目を見開き、最大のパワーを引き出して、気力を高めます。

その怒った目というのは、仁王さんの目のようなものではないでしょうか。眉間にしわを寄せて怒りをあらわにするといったようなものではなく、敵を見据えて、かっと見開いた目です。

目だけでなく、七段錦は、腰を落として騎馬立ちになるなど力強い動作が多く、剛の形をとっています。しかし、剛とは決して、力むという意味ではありません。拳にしても初めから力いっぱい握っていては、目標とするものに当たったときに大きな力は生まれないのです。最初は柔らかく握って、最後に押し出すときに力を込めます。

剛を十分に発揮するときは、同時にまた、柔も十分でなければいけないのです。

これまで何度も言ってきましたが、ここでも「上虚下実」が重要です。つまり、丹田を中心に、下半身に力をみなぎらせる一方で、上半身は力を抜いた状態にします。拳を押し出すときも、上半身は力まずにゆったりとパワーを発揮させましょう。

吸う

2 騎馬立ちになり、両手を前に下ろします。

吐く

3 息を吸いながら、腰を少し上げ、拳を軽く握って胸の高さに上げます。

吸う

4 息を吐きながら、左拳を前に押し出し、右拳を後ろに引きます。腰を落として、目はかっと見開いて、左拳を見ます。

吐く

5 息を吸いながら顔と拳を正面に戻し、腰も少し高めに戻します。

吸う　吐く

6 いったん息を吐いて腰を落とした後、息を吸いながら両拳を頭上に持っていき、拳を開きます。

7 息を吐きながら、両手を円を描くように下ろします。

吸う　吐く

10 4とは左右を逆に、息を吐きながら、右拳を前に押し出し、左拳を後ろに引きます。腰を落として、目はかっと見開いて、右拳を見ます。

11 息を吸いながら顔と拳を正面に戻し、腰も少し高めに戻します。

吸う

吐く

8 騎馬立ちになり、両手を前に下ろした２の状態に戻ります。

9 再び、息を吸いながら、腰を少し上げ、拳を軽く握って胸の高さに上げます。

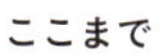

ここまで

50秒

吸う

吐く

12 いったん息を吐いて腰を落とした後、息を吸いながら両拳を頭上に持っていき、拳を開きます。

13 息を吐きながら、両手を円を描くように下ろし、騎馬立ちの両手を前に下ろした状態に戻ります。

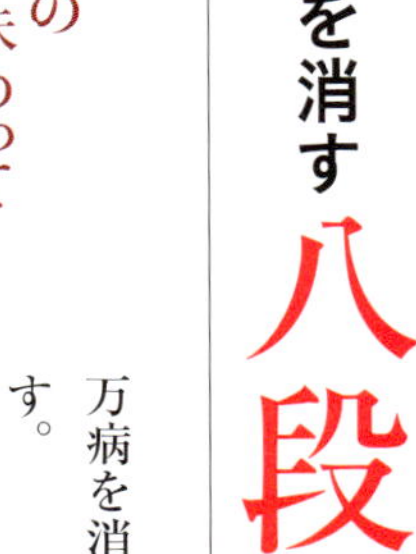

背骨を動かし、病を消す 八段錦

背骨から頭への振動の余韻を味わって

いよいよ、最後の八段錦になりました。この動きは「背后七顛百病消（ベィホウチディエンバイビンシァオ）」というもので、「顛」には振動させるという意味があります。つまり、背中を7回振動させることで、万病を消し去るという動きです。

背中を振動させるために、伸び上がって、つま先立ちになり、かかとからストンと体を落とします。背骨から頭への振動の余韻を味わってから、再びつま先立ちになってかかとを落とします。

こうして背骨の振動を繰り返すのですが、通常、7回は繰り返さずに、3回繰り返して、3回目は腰を深く落として、ひざの屈伸を数回します。

こういう単純な動きなのですが、背骨から脳に振動が伝わることによって、さまざまな効果が生まれます。

西洋医学の面から言えば、脳と脊椎という中枢神経系を刺激することで、自律神経系にもマッサージ効果を及ぼし、交感神経と副交感神経のバランスを整える作用が生まれるのです。

中国医学の面からすると、体の前後にある経絡（けいらく）（気の通り道）の任脈（にんみゃく）、督脈（とくみゃく）と背中にある兪穴（ゆけつ）というツボを刺激することになります。

さて、一段錦から八段錦までさまざまな動きを行ってきましたが、中には騎馬立ちするものなど、慣れないとひざに負担がかかるものがあります。八段錦の最後には、両ひざを左右に回すなどひざを緩める動作をしておくといいでしょう。

吸う

<< 呼吸

1 自然に立ち、足を少し開きます。

吸う

吐く

2 息を吸いながら、手のひらを下向きにし、肩の高さまで上げます。

3 息を吐きながら、両手を下ろします。

吐く

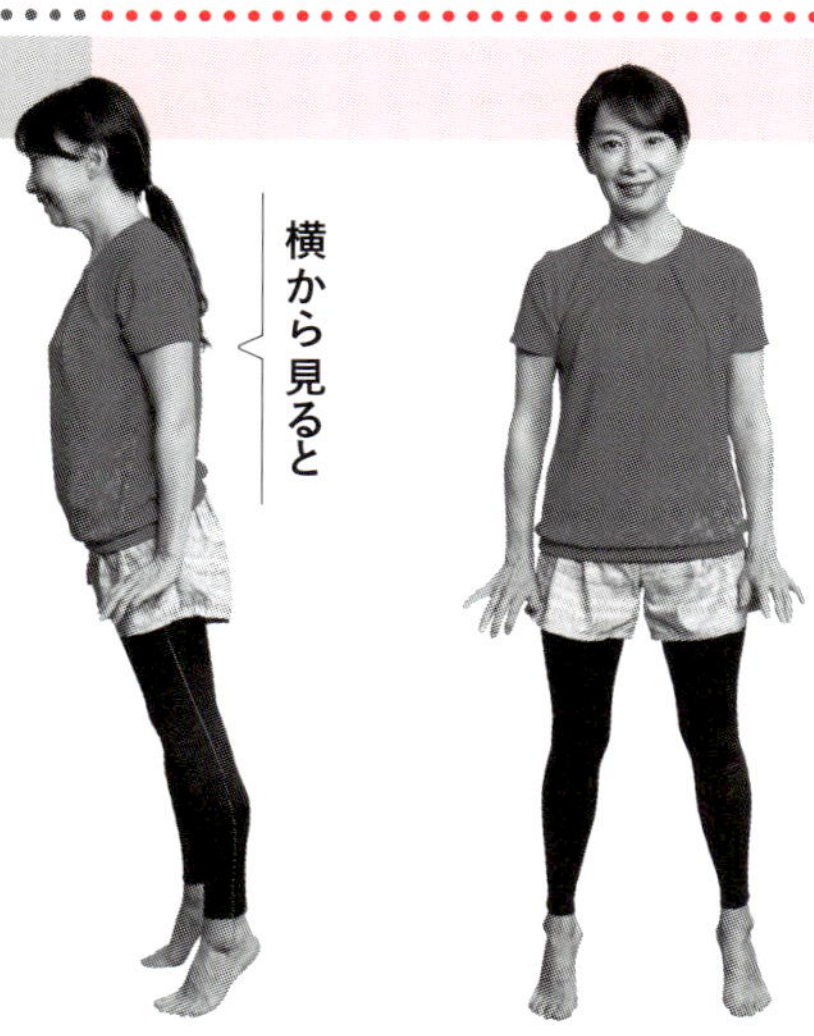

4 おなかをへこませて、息を吸いながら、両足のかかとを上げて、つま先で立ちます。このとき、肛門を締めるようにして、数秒、息を止めてそのままにします。

吸う

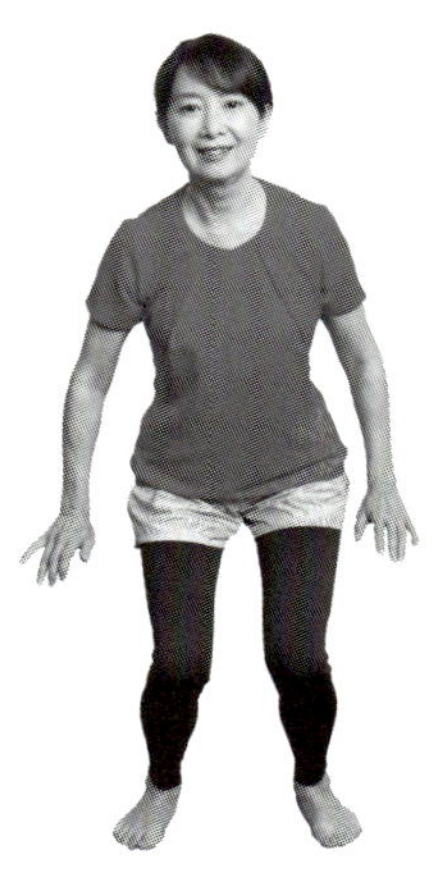

5 全身の力を抜き、かかとをストンと落とします。このとき、両ひざを緩めて、衝撃を調整します。

吐く

6 背骨から頭への振動の余韻を味わった後、再び、両手を肩の高さまで上げます。

横から見ると

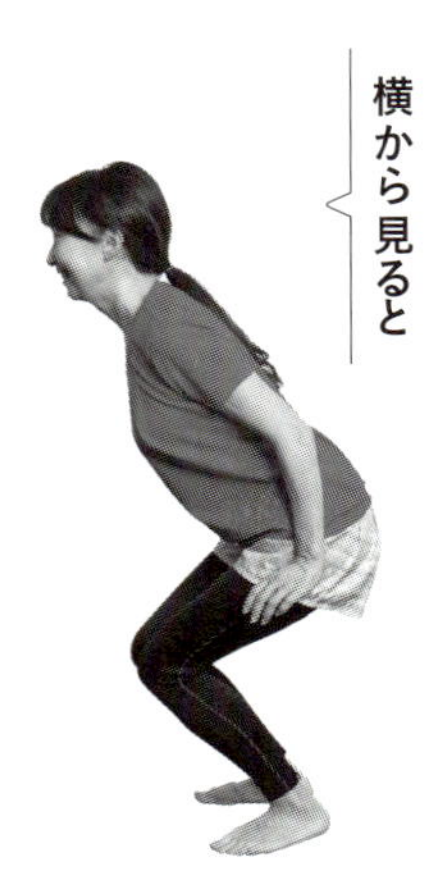

8 3回目にかかとを落とすときは、かかとを下げるのと同時に、ひざを曲げ腰を深く落とします。

吐く　　吸う

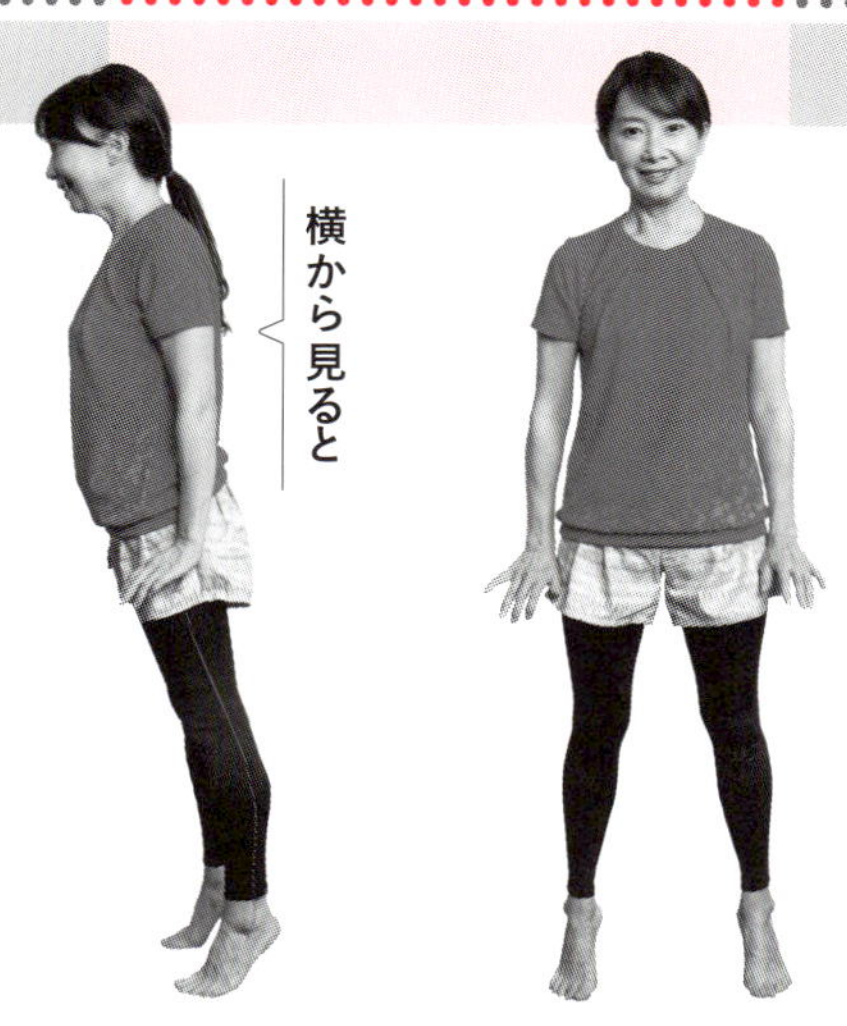

7 つま先立ちからかかとを落とす動作をさらに2回繰り返します。

ここまで
80秒

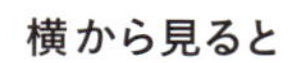

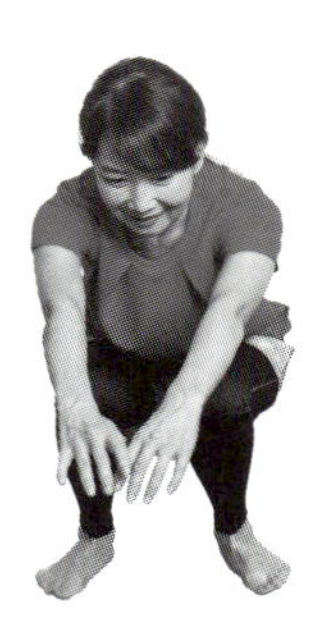

9 腰を落とし切ったとき、手を前に出します。この後、ひざの屈伸を数回繰り返します。

Epilogue

がんに負けない人とは

さて、最後にアグネスさんのがんに対する取り組みについてご紹介したいと思います。

帯津先生とアグネスさんの最初の出会いは養生について語り合った雑誌の対談でした。

そこではアグネスさんのがんとの関わり方やがんになってからの死生観などが話題になりました。

いわば、がんに負けない養生への心構えが話されています。

帯津良一（以下、帯津）　がん患者や家族、支援者らが夜通し交代で歩く「リレー・フォー・ライフ」というがん征圧を目指すチャリティーイベントが全国各地であって、うちの病院の患者さんもたくさん参加しているんですが、アグネスさんもその活動をされているんですよね。

アグネス・チャン（以下、アグネス）　2006年にテレビ番組に出演して初めてリレー・フォー・ライフのことを知ったんですね。すごくステキな女性たちが一所懸命やっていて、会いたいなと思って07年に芦屋の会場にいきました。「サバイバー」ってよばれるがん患者のみなさんがすごく輝いていて、感激して帰ってきて、がんに対する意識が高まりました。その翌週、自分の胸がちょっとかゆいと思って触って、しこりをみつけたの。だからリレー・フォー・ライフはがんを見つけてくれた命の恩人なんです。

　ですから12年には横浜・山下公園で開かれたリ

レー・フォー・ライフの実行委員長をさせてもらいましたし、毎年、活動に関わっています。

帯津　そういう活動で人のために尽くすというのは、その人の生命力をアップさせるんですよね。私の病院に患者の会というのがあって、２００人ぐらいいて、川越のリレー・フォー・ライフにも行ったんですけれども、そのなかに、みんなの世話をする患者さんたちがいるわけです。誰かが気功を教えてくれと言えば懇切丁寧に教える。この人たちは誰も再発しませんね。だから私は人のために尽くすというのは、免疫力、自然治癒力を上げると思うんです。

アグネス　私もリレー・フォー・ライフなどで仲間ができて、みんなからいろいろアドバイスをいただいたり、励ましてもらったりして、すごくつらいときも乗り越えることができたし、だから自分が5年経って、薬も終わったし、「自分の番だな」と思いました。そういう人たちがいるから、たくさ

んの人が救われています。小さいことだとお医者様に相談しにくいことがいっぱいあるんです。例えば、湿疹ができたとか、関節が痛くて起きられないとか、イライラするとか、ちょっと太っちゃったとか。やっぱりサバイバー同士だと言えるんですよね。

5年も生かしてもらってこれ以上は願えない

私は、乳がんになって、死ぬことを少し考えたんです。それで手術する前、私はクリスチャンだから神様にお祈りしました。三男がまだ小学5年生だったから、せめて子どもの義務教育が終わるまで、5年はくださいって。一所懸命生きるから、神様の言うとおりになんでもするからって。そうしたら、本当に5年生存したんですね。

そろそろ、もう一回改めてお祈りをしなければと思って、何を言えばいいのか、どこまで言えばいいのかって考えた。で、覚悟をしてある晩、「孫の顔みたい」と言おうと思ってお祈りしたの。でも、お祈りを始めたら、言えなくなっちゃったの。感謝の気持ちで胸いっぱいになって。5年も生かしてもらって、これ以上、何を願うのって、祈ることができなくなっちゃって。結局神様には「まかせる」と言った。もし神様からみて世の中で私が生きている必要性があるのなら、一所懸命やるし、神様にまかせる。それを祈ってラクになりましたね。こだわりがなくなったっていうか。

帯津　さすがですよ。いくつぐらいのときから神様って、自分の側にいると思うようになったのですか。

アグネス　赤ちゃんのときに洗礼を受けたので、それからずっと教会に行っていた。でも、やっぱり中学生のときとかは悩みますよね。本当に神様っているのかなって。

新約聖書の神様っていうのは弱者なんです。最終的には殺される。彼の唯一の強みというのは、「愛」なんですよ。旧約聖書だと神は権力者で、彼の言っているルールを全部したがわなければ地獄に行く。新約では、神の一番弱い仲間を愛することによって、神を愛するんです。私にはそれが受けましたね。惹かれました。

要するに簡単なことですよ。目の前の人のことを心底、愛せるかどうか。これは毎日の挑戦ですね。権力者とか金持ちだとか、そういう人たちを愛する、尊敬するのは簡単だけれども、病気の方とか仕事もない方とか、それこそ今ならホームレスの方とか。そういう人たちをキリストは一番大切にしたんですが、「あなたは愛せますか？」と。これには私、共感できました。だから私、そういうタイプのクリスチャンです。

帯津　いいですね。私はどっちかというと、中国流なのかな。虚空からひとりでやってきて、またひとりで帰っていく。孤独なる旅人だと思っている。だからまたいつか虚空に帰っていくことを夢見て、この地球上の生活の中でもときどき虚空と一体になる。そういうことを心がけていくことがいいだろうと、気功を患者さんにすすめたりしているんですけれどもね。

毎日が誕生日みたいな気持ちで生きていく

アグネス　臨済宗の僧侶の玄侑宗久さんにお会いしたんです。で、そのときに話したのがまさしく「空（くう）」。いいことも悪いこともない。それこそが空。だから死についても、いいことなのか悪いことなのか関係ない。そういう空で生きる。すごく勉強になりましたけれども、難しい～。たぶん、それができたときは帯津先生みたいな穏やかな笑顔になれると思う。

帯津　どこからが生でどこからが死かわからない状態ですよね。大きなエネルギーの中に包まれる。

いつも明るく
ガンバロウ!!

アグネス　それは難しいんですけど、リレー・フォー・ライフで命は終わらないんだなって学んだの。今年も会いたかった先輩たちが亡くなっていたんですけれども、でも彼女たちのことは忘れてなくて、彼女たちがやろうとしていることを私は一生懸命勉強して、今実行しているじゃないですか。だから彼女たちは私が覚えている限りは、私を通して生きているの。

帯津　そうですね。

アグネス　それこそリレーですよね。だから同じく後輩が私のことを忘れずに一所懸命やり続けていれば、私は後輩を通して生きているの。だから終わらないですね。アグネス・チャンという名の命は終わるかもしれないけれど。そう考えると死ぬのはあまり怖くない。

帯津　いや、立派ですよ。私は今日が最後だと思って生きているんですよ。今日が最後だからしっかり生きようと。だから夜の夕飯が最後の晩餐になる。

アグネス　毎回。じゃあ、おいしくいただけますね。先生がお好きなマオタイが、今日が最後かもしれない。

帯津　これはいいですよ。最後の晩酌が食養生の一番だと思っています。

アグネス　そうですね。私の場合は、毎日が誕生日です。今日も生きられた。今日も痛くなく起きられた。いいな、今日はお祝いだって思って、そうすると機嫌がいいです。毎日がお祝いです。ありがたくてしょうがないという気持ちになれるので、毎日が誕生日みたいな気持ちで生きていこうと思っています。

帯津　最後の晩餐と毎日が誕生日か。同じ気持ちだと思うんですが、毎日が誕生日の方が前向きですね。いや、いいなぁ。

（週刊朝日2013年10月18日号
「養生達人健康問答」より抜粋）

太極拳の参考図書や太極拳の教室について紹介します。
ここで取り上げるのは、帯津先生が師範をつとめる楊名時太極拳です。
太極拳にはいろいろな流派がありますが、
日本で幅広く普及しているのが、楊名時太極拳です。

参考図書

『新装版 太極拳 健康は日々の積み重ねが大切』
楊名時著　文化出版局

『幸せを呼ぶ楊名時八段錦・太極拳』
楊名時著　海竜社

『健康太極拳標準教程』
楊進／橋逸郎著　　ベースボール・マガジン社

『あなたが変わる楊名時太極拳　DVD 付き』
楊慧監修　山と渓谷社

太極拳教室の連絡先

特定非営利活動法人　日本健康太極拳協会
〒101-0054 東京都千代田区神田錦町 2 丁目 5-10
電話 03-3259-8044
http://www.taijiquan.or.jp

帯津良一

おびつ・りょういち
1936（昭和11）年、埼玉県生まれ。
帯津三敬病院名誉院長。
楊名時太極拳師範。
西洋医学だけでなく、
中国医学などさまざまな療法でがんに立ち向かっている。
人間をまるごととらえるホリスティック医学を提唱。
著書に『達者でポックリ。』（東洋経済新報社）
『太極拳養生法』（春秋社）など。

アグネス・チャン

アグネス・チャン
1955年、香港生まれ。歌手。
「ひなげしの花」で日本デビュー。
歌手活動を続ける一方で、
ユニセフ・アジア親善大使、日本ユニセフ協会大使、
日本対がん協会のほほえみ大使を務めるなど
ボランティアや
チャリティーの分野でも活躍している。
著書に『みんな地球に生きるひと』（岩波書店）など。

がんに負けない
太極拳養生法

2016年8月10日　初版第1刷発行

著者　帯津良一／アグネス・チャン
太極拳指導　山田幸子
発行者　木内洋育
ブックデザイン　波多英次
構成　梅村隆之
写真　瀬戸正人
編集担当　熊谷満
発行所　株式会社旬報社
〒112-0015
東京都文京区目白台2-14-13
TEL 03-3943-9911
FAX 03-3943-8396
HP http://www.junposha.com/
印刷・製本　中央精版印刷株式会社

ISBN978-4-8451-1468-9